Gertrude Stein

dargestellt von Stefana Sabin

Rowohlt

rowohlts monographien begründet von Kurt Kusenberg
herausgegeben von Wolfgang Müller und Uwe Naumann

Redaktionsassistenz: Katrin Finkemeier
Umschlaggestaltung: Walter Hellmann
Vorderseite: Gertrude Stein, fotografiert von Man Ray, 1926
(Archiv für Kunst und Geschichte, Berlin)
Rückseite: Gertrude Steins Briefkopf
Frontispiz: Pablo Picasso: Porträt Gertrude Stein, 1906.
New York, The Metropolitan Museum of Art

Originalausgabe
Veröffentlicht im Rowohlt Taschenbuch Verlag GmbH,
Reinbek bei Hamburg, Mai 1996
Copyright © 1996 by Rowohlt Taschenbuch Verlag GmbH,
Reinbek bei Hamburg
Alle Rechte an dieser Ausgabe vorbehalten
Satz Times PostScript Linotype Library, Quark XPress 3.31
Gesamtherstellung Clausen & Bosse, Leck
Printed in Germany
1290-ISBN 3 499 50530 4

Inhalt

USA und Frankreich – eine besondere Freundschaft 7
Neue Welt – Alte Welt 11
Paris, Frankreich 32
Ruhm 92
Nachwort 124

Anmerkungen 133
Zeittafel 141
Zeugnisse 144
Bibliographie 148
Namenregister 151
Über die Autorin 155
Quellennachweis der Abbildungen 156

Rue Christine 5. Im Vordergrund Gertrude Stein mit dem Pudel Basket, im Hintergrund Alice B. Toklas. Foto von Cecil Beaton, 1938

USA und Frankreich –
eine besondere Freundschaft

Als die britischen Kolonien an der nordamerikanischen Atlantikküste in der zweiten Hälfte des 18. Jahrhunderts ihre Unabhängigkeit vom Mutterland erkämpften, fanden sie in der Alten Welt einen mächtigen Alliierten: Frankreich, den traditionellen Feind Englands. Nicht nur konnten die Aufständischen in Paris Waffen kaufen, sondern der Marquis de La Fayette stellte sich in den Dienst der Armee Washingtons, setzte sich für die offizielle Unterstützung der Rebellen durch Frankreich ein und trug so zu ihrem Sieg bei. Die aus dem Unabhängigkeitskrieg entstandene amerikanische Republik war sich von Anfang an der besonderen Bedeutung guter Beziehungen zu Paris bewußt und entsandte eine berühmte Persönlichkeit an den französischen Hof: Benjamin Franklin, den Gelehrten und Politiker, den «Gründervater», der dank seiner Erfindungen und populärphilosophischen Schriften weltweit Anerkennung genoß. Franklin war schon siebzig Jahre alt, als er 1776 die Alte Welt zum erstenmal betrat und nach Paris kam. Er sprach jedoch gut genug Französisch, um an jeder Unterhaltung teilnehmen zu können. Mit seiner Nonchalance eroberte er die Pariser Gesellschaft, und seine kanadische Pelzmütze, die er dem modischen Pariser Hut vorzog, wurde in der französischen Hauptstadt zu einem beliebten Accessoire. 1785 löste ihn der geachtete Thomas Jefferson, auch ein «Gründervater» und der Verfasser der Unabhängigkeitserklärung, als Botschafter am Hofe Ludwigs XVI. ab. Auch amerikanische Firmen sandten Vertreter nach Paris, und die wirtschaftlichen Beziehungen intensivierten sich. So gab es schon am Ende des 18. Jahrhunderts eine amerikanische Kolonie in Paris.

Während der Französischen Revolution kühlten sich die Beziehungen zwischen den beiden Ländern ab: John Adams, der zweite amerikanische Präsident, geriet bis an den Rand eines Kriegs mit Frankreich, aber der frankophile Jefferson, der ihm 1801 im Amt folgte, versuchte in den europäischen Koalitionskriegen neutral zu bleiben und zwischen England und Frankreich zu vermitteln. Auch als der Erwerb der französischen Gebiete in Nordamerika 1803[1] und die Monroe-Doktrin von 1823[2] Frankreich und die USA politisch auseinandertrieben, florierten die kulturellen Beziehungen. 1804 kam Washington Irving nach Paris, 1826 kamen James Fenimore Cooper und Henry Wadsworth Longfellow, 1832 Ralph Waldo Emerson, 1858 Nathaniel Hawthorne, und als Henry James[3] 1872 in Paris eintraf, stieß er dort auf so viele Amerikaner der Oberschicht, daß er an seinen Bruder William nach Boston schrieb, Paris käme ihm vor wie «Massachusetts-on-Seine». Amerikanische Künstler wie Theodore Robinson, John Leslie Breck, Dennis Miller Buncker, Guy Rose, Theodore Earl Butler (der Claude Monets Schwiegersohn wurde), Williard Leroy Metcalfe, Winslow Homer oder Mary Cassatt reisten nach Frankreich, um an der Neuentdeckung von Licht, Farbe und Form teilzuhaben, und in Monets Giverny etablierte sich eine regelrechte amerikanische Künstlerkolonie, der heute das Musée Américain gedenkt. In der Pariser Rue de Berri wurde 1858 eine Amerikanische Kirche gebaut, in der Nähe der Champs Élysées in den achtziger Jahren eine Episkopalkirche. Von 1887 an gab es eine Pariser Ausgabe der «New York Herald», und kurz danach eröffnete auch die «Chicago Tribune» ein Büro in Paris.

Die Beziehungen zwischen Frankreich und den USA hatten sich nach den Napoleonischen Kriegen verbessert, und 1889 schenkte das französische Volk den Amerikanern eine gigantische Statue, die «La Liberté éclairant le monde» hieß, von dem angesehenen Bildhauer Frédéric-Auguste Bartholdi entworfen und mit der technischen Hilfe des Ingenieurs Gustave Eiffel ausgeführt wurde. Am Eingang des New Yorker Hafens aufgestellt, wurde sie als «La Liberté» bzw. «Liberty», als Freiheitsstatue zum Symbol der frankoamerikanischen Freundschaft, die im Unabhängigkeitskrieg von 1776 begonnen hatte.

Ende des 19. Jahrhunderts herrschte reger Verkehr über den Atlantik, denn die amerikanische Bourgeoisie hatte die von den Engländern eingeführte «Grand Tour» entdeckt, wie die Bildungsreise durch Europa hieß. Aber auch Künstler und Intellektuelle zog es nach Paris, das am Anfang des 20. Jahrhunderts als Hauptstadt der Künste galt – das Quartier Latin als Heimat der Künstler.

Zwar gab es auch in New York ein Bohemeviertel, Greenwich Village, wo Emigranten und Künstler in Armut und von der übrigen Stadt getrennt zusammenlebten. «Ruhmlose Miltons die Menge, / Und Rodins für jeden Stock», beschreibt John Reed das Leben im Village in «The Day in Bohemia, or Life among the Artists» («Der Tag in der Bohème oder Das Leben unter Künstern»). «Kurzum, diese unbekannten Männer von Genie / Die in gangränösen Hinterzimmern / Ihres rechtmäß'gen Erbes beraubt / Durch ein seelenloses Kommerzzeitalter, / Unbeweint, sollte ich hinzufügen, und unbesungen, / Insolvent, aber durch und durch jung.» Die heroische Isolation des Village hörte 1917 mit der Eröffnung der Untergrundbahn auf der West Side von Manhattan auf, und während der Zeit der Prohibition nach 1919 wurden die «Speakeasies» des Village – Kneipen, die illegal Alkohol verkauften – stadtbekannt. Das Village wurde endgültig in die Stadt integriert und verlor die Aura des Besonderen, des Künstlerischen. Künstler und Intellektuelle suchten jetzt im Pariser Quartier Latin die Atmosphäre, die ihnen in Greenwich Village abhanden gekommen war.

Seinen besonderen Ruf verdankte das Quartier Latin der Geschichte von vier armen Studenten, die wenig haben und viel erleben: Die «Scènes de la vie de bohème» von Henri Murger wurden Mitte des 19. Jahrhunderts zum Bestseller, und Giacomo Puccinis fünfzig Jahre später nach dieser Vorlage komponierte Oper «La Bohème», in der die Handlung durch romantische Elemente aufgeweicht war, regte auch in den USA die Phantasie vieler angehender Künstler an. In England trug George du Maurier mit seinem autobiographischen Roman «Trilby»[4], der 1894 erschien und in dem das Leben der Pariser Boheme einen großen Teil der Handlung ausmacht, zum Ruf des Quartier Latin bei.

Anfang des 20. Jahrhunderts kamen die Amerikaner nach Paris auf der Suche nach gesellschaftlicher und kultureller Verfeinerung – wie Figuren in Henry James' Romanen. Der Aufenthalt in Europa, der den Handlungskern der James-Romane und seines «international theme» ausmacht, wurde zur selbstverständlichen und sogar notwendigen Initiation amerikanischer Intellektueller. «The grand tour» wurde zu «the grand stay»: Das Reisen genügte nicht mehr, man mußte in Europa sein, dort leben. Auch der Erste Weltkrieg brachte Amerikaner nach Frankreich; viele blieben, andere kamen nach. In den zwanziger Jahren lebte, durch den Dollarkurs begünstigt und vor der Prohibition sicher, eine ganze Schar amerikanischer Künstler und Intellektueller in Paris. Hier fanden amerikanische Komponisten ein Publikum, das ihre Experimente großzügig annahm; George Gershwins «Amerikaner in Paris» und George Antheils «Ballet Mécanique», um nur die berühmtesten Stücke zu nennen, die in Paris entstanden, sind ins Repertoire der klassischen Moderne eingegangen. Maler wie Joseph Stella, Edward Hopper oder Charles Sheeler kamen nach Paris, um einen neuen Umgang mit der Perspektive, eine neue Sehweise zu lernen. Von der amerikanischen literarischen Moderne kann man geradezu behaupten, daß sie in Paris entstanden sei, jedenfalls hier zum erstenmal veröffentlicht wurde, da die Prohibition auch eine Zeit des puritanischen Fundamentalismus war und viele der in Paris lebenden Schriftsteller in den USA gar nicht gedruckt wurden. So gründeten die Expatriierten Literaturzeitschriften und Verlage, in denen dann ihre eigenen Werke und die ihrer Freunde erschienen. Ernest Hemingway, F. Scott Fitzgerald, Djuna Barnes, John Dos Passos, Ezra Pound, Kay Boyle, William Faulkner, Sherwood Anderson, Morley Callaghan, Thornton Wilder, Janet Flaner, Malcolm Cowley, Robert McAlmond lebten und schrieben zumindest für kurze, oft für lange Zeit in Paris, meistens links der Seine im Viertel Montparnasse.

In die Geschichte der amerikanischen Literatur ist dieses Pariser Viertel zwischen Boulevard du Montparnasse, Boulevard Saint-Germain,

Boulevard Saint-Michel und der Rue de Rennes als «The Quarter»[5], «Das Viertel», eingegangen, wie die expatriierten Amerikaner die Gegend, in der sie wohnten, kurzerhand nannten. Im Viertel spielte sich das intellektuelle Leben in den Cafés und den Bistros ab: Le Sélect, La Rotonde oder Le Dôme stellten sich auf die amerikanische Kundschaft ein und servierten Mixgetränke, Cocktails eben, und La Coupole, die sich sogar «Bar Américain» nannte (und noch heute so heißt), installierte eine Theke im amerikanischen Stil. Auch außerhalb dieser Lokale gab es einige Treffpunkte der Expatriierten: die Buchhandlung und Leihbibliothek «Shakespeare and Company» am Odéon, die der Exilamerikanerin Sylvia Beach gehörte und in der James Joyce die Hauptfigur war; die Rue Jacob 20, hinter der Kirche St.-Germain des Prés, wo sich bei Natalie Barney die Bohemiens und die Schickeria der Expatriierten trafen; schließlich die Rue de Fleurus 27 am Parc du Luxembourg, wo Gertrude Stein wohnte und wo jahrzehntelang ein reger Austausch zwischen bildenden Künstlern und Literaten stattfand.

In Paris schuf die Amerikanerin Gertrude Stein ein literarisches Werk, mit dem sie sich in die Literaturgeschichte einschrieb. Ihr intellektueller Werdegang zwischen der Neuen und der Alten Welt, ihr Wirken in Paris, ihre (Künstler-)Freundschaften und ihr ästhetisches Vermächtnis stehen im Zentrum dieser Darstellung.

Paris um 1900. Die Rue Soufflot und das Panthéon

Neue Welt – Alte Welt

In der zweiten Hälfte des 19. Jahrhunderts nahm die jüdische Emigration aus Europa nach Amerika rapide zu. Nicht nur die Judenpogrome in Osteuropa, sondern auch der wachsende Antisemitismus in Westeuropa veranlaßten Hunderttausende, die mühselige Reise über den Atlantik zu unternehmen. Unter den Tausenden, die 1841 in der Hoffnung auf ein besseres Leben von Deutschland nach Amerika gingen, war auch Meyer Stein. Er ließ sich in Baltimore nieder und war sich nach nur wenigen Monaten seiner Chancen in der Neuen Welt so sicher, daß er seine Familie – Eltern und vier Brüder – nachholte.

Der Bruder Daniel war acht Jahre alt, als er nach Baltimore kam. Er zog 1862 mit dem jüngeren Bruder Solomon nach Pittsburgh, wo sie in zwei benachbarten Häusern der Vorstadt Allegheny wohnten und ein Textilgeschäft gründeten. Die Beziehung zwischen den beiden Stein-Brüdern war jedoch alles andere als harmonisch, und ihren geschäftlichen Erfolg beeinträchtigten ständige Querelen zwischen ihnen. Das Verhältnis verschlechterte sich noch, als Daniel 1864 Amelia Keyser heiratete. Amelia, wie Daniel deutsch-jüdischer Abstammung, war eine launische Frau, die die geschäftlichen Auseinandersetzungen zwischen den Brüdern durch häuslichen Streit mit Solomons Frau Pauline noch verschärfte. Amelias Unleidlichkeit wuchs im Lauf ihrer sieben Schwangerschaften: 1865 wurde Michael geboren, 1867 Simon, 1870 Bertha, die nächsten zwei Kinder starben bei der Geburt, 1872 kam Leo auf die Welt und am 3. Februar 1874 Gertrude. *Gertrude Stein wurde in Allegheny in Pennsylvania geboren. Da ich eine begeisterte Kalifornierin bin und da sie ihre Jugend dort verlebt hat, bat ich sie, doch lieber Kalifornien als Geburtsland zu wählen, aber sie bleibt steif und fest dabei, daß sie in Allegheny in Pennsylvania geboren wurde.*[6] Sie wurde zu Hause geboren, und der Arzt hatte Mühe, rechtzeitig zu kommen. Es soll der kälteste Winter seit dreißig Jahren gewesen sein, und durch die Stadt fegte ein Schneesturm.

Die Steins lebten in der Western Avenue, einer Wohngegend der Mittelschicht, sie waren eine *hochachtbare bürgerliche Familie*[7]. Damals befand sich die Industriestadt Pittsburgh noch in dem Aufschwung, der nach dem Ende des Bürgerkriegs 1865 eingesetzt hatte – nur das Textil-

Die Eltern: Amelia und Daniel Stein, um 1864

geschäft der Brüder Stein an der Ecke Wood und Fourth Street im Zentrum der Stadt ging nicht besonders gut. Die Brüder stritten nur noch, und die Frauen sprachen inzwischen nicht mehr miteinander. Der ständigen Streitereien im Geschäft und zu Hause überdrüssig, beschlossen die Brüder, sich zu trennen. Solomon ging nach New York, wo er in einer

Wien 1877: Die Kinder Stein mit Gouvernante und Lehrer. Von links: Gertrude, Bertha, Simon, Michael; vorn: Leo

Bank Arbeit fand; Daniel versuchte, die verwandtschaftlichen Beziehungen in Europa geschäftlich zu nutzen und reiste 1875 nach Wien. Seine Frau Amelia folgte ihm kurze Zeit später mit den Kindern und ihrer unverheirateten Schwester Rachel. *Und wir waren also in Wien*, schrieb Gertrude Stein später, *und ich habe es nie wieder gesehen aber es ist für mich stets etwas sehr Wirkliches geblieben.*[8] Während Daniel ständig über den Atlantik hin und her reiste, sorgte Amelia für ein bürgerliches Leben der Familie in Wien. Es gab Bedienstete, die sich um den Haushalt kümmerten, und für die Kinder einen Privatlehrer und eine Gouvernante. Der Lehrer, Herr Krajoletz, der aus Budapest stammte und in Wien Medizin studierte, gestaltete jeden Spaziergang zu einer Expedition in die Pflanzen- und Tierwelt und weckte die Neugier der Stein-Kinder auf die Natur. [...] *und dann gab es die Salzkammern und dann gab es Vögel und Schmetterlinge und Insekten in den Wäldern und die konnte man fangen.*[9] Die Kinder lernten auch Deutsch, bekamen Tanz- und Reitunterricht, unternahmen Ausflüge aufs Land und gingen ins Theater und ins Konzert. Aufwendiges Dinieren gehörte zu den Gepflogenheiten, die Amelia für Familienleben hielt. Gertrude durfte an ihrem dritten Geburtstag Bier kosten und bekam ihre ersten Bücher, *Bilderbücher aber jedenfalls Bücher da in Bilderbüchern die Bilder erzählen*[10]. Amelia und Daniel

Gertrude Stein, etwa vier Jahre alt, in Wien

ließen die Kinder immer wieder mit Rachel in Wien zurück und reisten durch Europa: in die Schweiz, wo Daniel sich verschiedenen Kuren unterzog, und nach Italien, wo Amelias jüngster Bruder Ephraim Kunst studierte. Ephraim seinerseits gesellte sich oft zu den Steins in Wien, wo er hin und wieder auf Gertrude aufpaßte. Sie war die Jüngste und soll ein fröhliches Kind gewesen sein, dessen Charme jeder erlag. «Sie stand in der Familie konkurrenzlos im Mittelpunkt, von jedem abgöttisch geliebt, gehätschelt, verwöhnt, unterhalten, während sie einfach dasaß und war.»[11] Das harmonische Familienleben in Wien muß die Entwicklung Gertrudes sehr beeinflußt haben: Der gesellschaftliche Umgang, mit dem sie aufwuchs, war europäisch; ihre erste Sprache war Deutsch, ihre zweite wurde Französisch, denn im November 1878 zog Amelia mit den Kindern nach Paris. Im Vorort Passy, wo die Steins ein Haus gemietet hatten, wurden Bertha und Gertrude in die Schule geschickt. Regelmäßige Einkaufsfahrten in die Stadt hellten Amelias Laune vorübergehend auf, aber bald war sie mit den Kindern wieder allein, denn Daniel war auf der Jagd nach dem ganz großen Geschäft nach Amerika zurückgegangen. Nach einer letzten Einkaufstour durch Paris schiffte sich auch Amelia 1879 mit den Kindern wieder nach Amerika ein.

Zuerst versuchten Daniel und Amelia, sich mit Solomon, der inzwischen ein erfolgreicher Bankier in New York geworden war, und seiner Frau Pauline zu versöhnen. Das gelang nicht, und bald nach ihrer Ankunft in Amerika zog Daniel mit der ganzen Familie zu Amelias Familie nach Baltimore. In dem großen Haus der Keysers wurde Gertrude als Jüngste von allen umsorgt. *Man sollte immer das jüngste Mitglied der Familie sein. Es erspart einem eine Menge Ärger jeder kümmert sich um einen.*[12] Gertrude Steins amerikanisches Leben fing eigentlich bei den Keysers in Baltimore an. Fünf Jahre war sie alt, als sie zum erstenmal mit der amerikanischen Wirklichkeit und auch dem amerikanischen Englisch konfrontiert wurde. Das Englisch, das sie im Haus der Keysers hörte, war eine Immigrantensprache, mit reduziertem Wortschatz und elementarer Syntax – Merkmale, die ihr literarisches Werk kennzeichnen sollten.

Baltimore, die boomende Hafenstadt an der Mündung des Patapsco-Flusses in die Chesapeake Bay, war ein Schmelztiegel der Rassen und Kulturen, der Immigranten anzog – die nördlichste Stadt des amerikanischen Südens oder die südlichste Stadt des Nordens. Wie schon in Wien genossen die Stein-Kinder die vielfältigen Möglichkeiten der Großstadt, gingen ins Theater und ins Konzert. Das Leben in Baltimore gefiel allen außer Daniel, der, immer noch auf der Suche nach dem wirtschaftlichen Erfolg, nun in den Westen zog. Kalifornien war damals ein «frontier state»[13], ein junger Staat in der amerikanischen Union und ein ziemlich unbekanntes Territorium. Nachdem er in Los Angeles und San José vergeblich versucht hatte, reich zu werden, ließ Daniel Stein sich in Oakland

Die Familie Stein in East Oakland, Kalifornien, um 1881.
Von links: Simon, Daniel Stein, Michael, Amelia Stein, Leo, Bertha;
vorn: Gertrude

nieder, wo er in der Firma Arbeit fand, die die neu eingerichtete Straßenbahn betrieb. 1880 holte er seine Familie von Baltimore nach: Die lange Zugreise von Maryland nach Kalifornien war für die Kinder ein Abenteuer, für Amelia eine Strapaze. In Oakland lebten die Steins zuerst in Tubb's Hotel, dann richteten sie sich in einer kleinen Farm mit zehn Morgen Land, dem «Old Stratton House» ein. Hier begann das *halb städtische halb ländliche Leben*, wie es Gertrude Stein in ihrem Roman *The Making of Americans* beschreiben sollte. Symptomatisch für dieses «half-city half-country living» waren die ersten größeren Anschaffungen der Steins: eine Kuh und ein Klavier.

Das Viertel um das Old Stratton House wurde von ärmeren Leuten unterschiedlicher ethnischer Herkunft und Religionszugehörigkeit bewohnt. Dank der niedrigen Lebenshaltungskosten, der Distanz zu den Konventionen der Ostküste und ihrem Puritanismus konnte sich hier eine Boheme etablieren, für die die Familie Duncan, Nachbarn der Steins, beispielhaft war. Die Duncans waren eine musische Familie mit unbürgerlichen Gepflogenheiten und einer freizügigen Erziehung der Kinder. Die Duncan-Kinder, Raymond und Isadora, stahlen regelmäßig Äpfel von den Bäumen des Stratton House, wie sie später, als sie sich alle in Paris trafen, zugeben sollten. Mit ihnen und den anderen Kindern aus der Nachbarschaft und in der Swett School freundete sich Gertrude Stein an, und sie fühlte sich in dem Sprachen- und Völkergemisch wohl. Aber ihr bester Freund wurde in diesen Jahren ihr Bruder Leo, mit dem sie Ausflüge unternahm, die Vögel und Pflanzen der Umgebung studierte und in der Erntezeit den Farmern half. *[...] als wir sehr kleine Kinder waren gingen wir in Kalifornien meilenweit zusammen auf staubigen Straßen, ganz allein zusammen und [...] das war in den Tagen als man in Kalifornien noch meilenweit gehen und zusammen allein sein konnte.*[14]

Gertrude Steins Jugend in Oakland war glücklich. Sie genoß die Landschaft und das Wetter und ging gerne zur Schule. Zu Hause spielte das Essen, wie in der Wiener Zeit, eine wichtige Rolle, und Gertrude Stein soll «Eßorgien» veranstaltet haben: Stundenlang soll sie ganz alleine gegessen haben. Aber es gab zu Hause auch Bücher, *Bücher und Essen, Essen und Bücher, beides ausgezeichnete Sachen*[15], nicht mehr nur Bilderbücher, wie in Wien, sondern englische Romane des 19. Jahrhunderts, die Werke Mark Twains und Jules Vernes, Shakespeare, Enzyklopädien und wissenschaftliche Handbücher. Zusammen mit Leo las Gertrude alles, was sie finden konnte, besonders immer wieder Shakespeare und historische Dramen anderer Autoren. Die beiden, gerade zehn und zwölf Jahre alt, sollen sich sogar als Dramatiker versucht haben: Leo schrieb ein Pastiche nach Marlowe, und Gertrude wollte eines nach Shakespeare schreiben. Sie kam jedoch über die Liste der Personen und die Bühnenanweisung *Die Höflinge machten witzige Bemerkungen* nicht hinaus, denn ihr fielen keine witzigen Bemerkungen ein.[16] Nachdem ihr Versuch mit dem Drama gescheitert war, beschloß Gertrude, es mit dem Melodrama zu probieren, und das gelang ihr tatsächlich besser. Sie brachte das Stück zu Ende und betitelte es *Snatched from Death, or The Sundered Sisters (Dem Tode entrissen oder Die getrennten Schwestern)*. Ausgesprochenen Erfolg hatte Gertrude Stein mit ihren Schulaufsätzen, für die sie immer die besten Noten bekam. Als einmal einer ihrer Aufsätze ausgewählt wurde, um vor der ganzen Schule vorgelesen zu werden, mußte eine Mitschülerin ihn abschreiben, so schlecht war die Handschrift Gertrudes. Noch als Schriftstellerin in Paris blieb Gertrude Stein auf Freunde angewiesen, die ihre Texte für den Setzer abschrieben. Sie war denn auch im Zeichnen bemerkenswert unbegabt und fiel beim wöchentlichen Zeichenwettbewerb in der Schule regelmäßig durch. Solche kleinen Mißerfolge scheinen sie überhaupt nicht getroffen zu haben. Sie war eine gute Schülerin, weil sie klug und gebildet war, aber sie lernte, was sie wollte. Dabei war sie keine Rebellin, die sich systematisch gegen die pädagogischen Zwänge der Schule wehrte; sie wußte genau, was sie interessierte, und mißachtete völlig, was ihr andere, Lehrer und Eltern, zu diktieren versuchten.

Amelia Stein war keine strenge Mutter, und weil sie fast alles erlaubte, mochten die Kinder sie und mißachteten sie zugleich. Amelia lebte zurückgezogen, überließ den Haushalt den Hausgehilfinnen und nahm kaum am Leben der Kinder teil. Als sie 1885 anfing, regelmäßig zum Arzt zu gehen, begriffen die Kinder, daß sie schwer krank war. Damit sie noch weniger Arbeit habe, zog die Familie trotz des geschäftlichen Erfolgs, den Daniel, inzwischen Vizepräsident der Omnibus Cable Company, endlich hatte, in ein kleineres Haus. Drei Jahre später starb Amelia an Krebs. Die Kinder litten nicht besonders unter ihrem Tod. *Als meine Mutter starb war sie lange Zeit krank gewesen und nicht fähig herumzugehen und deshalb waren wir als sie starb bereits daran gewöhnt ohne sie auszukommen.*[17] Viel mehr als der Verlust der Mutter störte sie, daß nun Daniel Stein die Führung des Haushalts übernahm und ständig widersprüchliche Anweisungen gab. Die Kinder hatten ihren Vater nie besonders gemocht, weil er launisch und unberechenbar war – nun lernten sie ihn hassen. Die Spannung in der Familie brachte Gertrude und Leo einander noch näher. Sie mochten und respektierten ihren Bruder Michael, der aber zu alt war, als daß er ihnen ein Gefährte sein konnte; ihren Bruder Simon fanden sie komisch, ihre Schwester Bertha regte sie nur auf. *Es ist natürlich sich nicht um eine Schwester zu kümmern schon gar nicht wenn sie vier Jahre älter ist und nachts mit den Zähnen knirscht. Meine Schwester Bertha tat das. Sie war ein wenig einfältig wie auch mein Bruder Simon das heißt sie wären ganz natürlich gewesen wenn sich niemand darum gekümmert hätte aber Simon war sehr komisch.*[18] Dagegen verband Leo und Gertrude das Interesse an Literatur, sie besaßen die gleiche ästhetische Empfindsamkeit und den gleichen Humor. Mehr als ihre Geschwister litten diese beiden halbwüchsigen Intellektuellen unter der despotischen Herrschaft des Vaters. In dieser Zeit mag sich Gertrudes lebenslange Aversion gegen Vaterfiguren gebildet haben, die auch ihre politische Haltung in den dreißiger Jahren prägen sollte.

Im Jahr 1891 starb der Vater. *Dann konnten wir eines Morgens unseren Vater nicht aufwecken. Leo kletterte durch das Fenster hinein und rief uns zu er liegt tot in seinem Bett und so war es.*[19] Die Geschicke der Familie leitete jetzt Michael, der 26 Jahre alt war; er wurde Vormund der zwei noch minderjährigen Geschwister Leo und Gertrude. Michael hatte in Baltimore an der Johns Hopkins University studiert und danach mit seinem Vater in der Omnibus Cable Company in San Francisco gearbeitet. Jetzt verkaufte er einige Immobilien, die Daniel Stein hinterlassen hatte, um Schulden zu bezahlen, und zog mit seinen Geschwistern in die Stadt, in die Turk Street. Die Lizenz der väterlichen Firma verkaufte er an Collis P. Huntington, den berühmten Bahnmagnaten, und betrieb die Fusion der verschiedenen Verkehrssysteme in San Francisco zugunsten eines Verkehrsverbunds. Huntington war so beeindruckt von Michaels geschäftlicher Geschicklichkeit, daß er ihn 1895 zum Vizepräsidenten der neu entstandenen größeren Firma, der Market Street Railway Company, ernannte. 1895 heiratete Michael Sarah Samuels, Tochter einer angesehenen Familie, die in den besseren Kreisen der Stadt wegen ihrer Bildung berühmt war. Sie hatte Malerei studiert, spielte Klavier und unterstützte die Gründung eines Museums für moderne Kunst in San Francisco. Ihre musischen Interessen machten sie zu einer ebenbürtigen Freundin ihres Schwagers Leo und ihrer Schwägerin Gertrude, und tatsächlich war die Beziehung zwischen ihnen sehr harmonisch.

In San Francisco waren Leo und Gertrude glücklich. Michael interessierte sich für ihre Ausflüge und ihre Lektüre und wurde auch dann nicht böse, wenn sie mehr als ihr Taschengeld für Bücher ausgaben und er die Schulden begleichen mußte. 1892 aber ging Leo nach Harvard, und Gertrude und Bertha zogen nach Baltimore zu ihrer Tante Fanny Bachrach. *Als Gertrude Stein etwa siebzehn Jahre alt war, nahm der Aufenthalt in Kalifornien ein Ende. Die letzten Jahre dort waren einsam gewesen und unter den Qualen der Pubertät vergangen. Nach dem Tode ihrer Mutter und dann ihres Vaters verließen Gertrude Stein und ihre Schwester und der eine Bruder Kalifornien und gingen nach dem Osten Nordamerikas. Sie zogen nach Baltimore und lebten bei den Verwandten ihrer Mutter. Dort verlor sie allmählich das Gefühl von Verlassenheit.*[20] Michael blieb in San Francisco; seinem Bruder Simon besorgte er eine Arbeit als «car gripman» (Wagenwender) bei der Market Street Railway Company – eine Arbeit, die dieser bis zu seinem Tod behalten sollte – und verwaltete das Geld für Leo und Gertrude. Dank seines finanziellen Geschicks verstand es Michael, seiner eigenen Familie und seinen jüngeren Geschwistern ein sorgloses Leben zu sichern. *Als wir San Francisco verließen und nach Baltimore zogen ließen wir Mike ganz allein Simon zählte nicht und Mike war allein, später heiratete er aber damals war er allein und er mußte alles für uns zusammenhalten und er tat es.*[21]

Gertrude bedauerte die Trennung von Michael und Sarah, freute sich aber zugleich, daß sie in Baltimore Leo näher war. Baltimore war für die achtzehnjährige Gertrude wie eine neue Erfahrung: Sie entdeckte die Verträumtheit des amerikanischen Südens. *Baltimore, sonniges Baltimore*, schrieb sie auf dem College in einem Aufsatz, *wo niemand es eilig hat und die Stimmen der Neger, wenn sie singend ihre Karren vorbeischieben, einen in schläfrige Träumereien lullen.*[22] Sie mochte die Stadt und ihre Verwandtschaft und konnte auch Leo besuchen. Anfang 1893 fuhr sie zu ihm nach Cambridge, und seine begeisterten Erzählungen von Professoren und Seminaren nahmen sie so sehr gefangen, daß sie sich im Herbst am Harvard Annex[23], dem Frauencollege, für Philosophie einschrieb.

Harvard war Ende des 19. Jahrhunderts ein intellektuelles Zentrum, am philosophischen Institut lebten die bedeutendsten Vertreter des Faches: der Spanier George Santayana[24], der sich mit Ästhetik und Kunst-

Henry und William James

philosophie beschäftigte, der Deutsche Hugo Münsterberg[25], der in seinem Seminar die Ideen der angewandten Psychologie untersuchte, und William James[26], der den Pragmatismus begründete. Vor allem die Gedanken James', daß die Wahrheit nicht vorgegeben sei, sondern in einem produktiven Akt entstehe, und daß die Wirklichkeit fließend und das Bewußtsein ein Strom sei, übten große Wirkung auf die amerikanische Geisteselite aus. Seine 1890 veröffentlichten «Principles of Psychology» machten schnell Epoche; sie wurden ein Bestseller und sollten vor allem die Künste beeinflussen. Seinerseits machte Williams Bruder Henry in seinen Romanen den «Bewußtseinsstrom» zum erzählerischen Prinzip und eröffnete damit Gestaltungsmöglichkeiten, die die literarische Moderne prägen sollten.

Von Leos Begeisterung angesteckt, besuchte Gertrude Stein die Vorlesungen von William James und gehörte bald zu seinem engsten Kreis. Sie sollte James' Pragmatismus ebenso übernehmen wie die Gedanken von der fließenden Wirklichkeit und dem Bewußtseinsstrom. *Ist das Leben lebenswert?* fragte sie damals in einem Aufsatz. *Ja, tausendmal ja, solange es auf der Welt noch Geister wie Prof. James gibt.*[27] In ihrer Autobiographie erzählt sie eine Anekdote aus der Zeit in Harvard. Danach habe sie einmal an einem schönen Frühlingsnachmittag keine Lust gehabt, eine Klausur zu schreiben. *Sie saß da und hatte den Fragebogen vor sich liegen, aber sie konnte einfach nichts hinschreiben. Lieber Professor*

James, schrieb sie zuoberst hin, es tut mir so leid, aber mir ist wirklich heute ganz und gar nicht nach Philosophie-Examen zumute, und damit ging sie. Am folgenden Tag erhielt sie eine Postkarte von William James auf der stand, *liebes Fräulein Stein, ich begreife vollkommen, wie Ihnen zumute ist, mir geht es oft selbst so ähnlich.*[28] James soll ihr die beste Note in seiner Veranstaltung gegeben haben. Wie schon in der Schule, lernte Gertrude Stein auch in Harvard nur das, was sie interessierte; sie beschloß, *nicht alles Wissen zu meinem Fach zu machen*[29], und schränkte ihr Studium dementsprechend ein.

Neben Philosophie belegte Gertrude Stein Geschichte, Volkswirtschaft, Französisch und Deutsch. Sie besuchte auch den Kurs «English composition» des jungen Dichters William Vaughn Moody. Unter seiner Anleitung verfaßte sie Woche für Woche Aufsätze, die inhaltlich und grammatisch der Konvention des Englischen entsprechen sollten. Ihre Themen entnahm sie der viktorianischen Literatur, öfter aber ihrem eigenen Leben; immer wieder schrieb sie, in einem eindringlichen Stil und unter Mißachtung syntaktischer Regeln, von sich selbst. Moody, ein sonst geduldiger Lehrer, verzweifelte bei der Korrektur ihrer Aufsätze. «Ich wollte», notierte er einmal, «Sie würden Ihre Verachtung für die wichtigeren Satzzeichen überwinden.»[30] Angesichts des literarischen Werks von Gertrude Stein bekommt diese Anmerkung fast prophetischen Charakter, denn sie scheint schon in diesen frühen Aufsätzen einen an die gesprochene Sprache angelehnten Stil gefunden zu haben, der Grammatik und Syntax ebenso ignorierte wie Satzzeichen. Ob dieser Stil in tatsächlich mangelhaften Sprachkenntnissen gründete, wie einige Kritiker gemeint haben, ist nicht auszumachen – und wohl auch belanglos, da auch jeder einsprachig aufgewachsene Schriftsteller die Grenzen der Sprachkonventionen zu erweitern versucht.

Während Harvard mit seiner intellektuellen Aufgeschlossenheit dem Eigensinn und der Neugierde Gertrude Steins entgegenkam, war ihr die puritanische Ordnung, mit der sie außerhalb Harvards zum erstenmal konfrontiert wurde, fremd. Sie verstand sich als «Westerner», die aus dem liberalen Kalifornien über das «sonnige Baltimore» nach Harvard gekommen war; zur Steifheit Neuenglands standen die Unkonventionalität des Westens und die Lässigkeit des Südens gleichermaßen im Gegensatz. Der mangelnde Komfort im Studentenheim beeindruckte sie auf seine Art ebenso wie die gesellschaftlichen Regeln, die sie nie richtig durchschaute. Ihr offensichtliches Desinteresse für Mode, ihre korsettlose Figur – kurz: ihre unattraktive Erscheinung – wurden in Cambridge berühmt-berüchtigt; während ihr Humor und ihre Offenheit sie als Kommilitonin beliebt machten. Als Mitglied des Idler Club, einer Theatergruppe, und als Sekretärin des Philosophy Club nahm sie am studentischen Leben auf dem Campus teil, aber ihre intensivste Beziehung blieb die Freundschaft mit Leo, mit dem sie ins Theater und Museum ging und

Gertrude und Leo Stein während ihrer Studienzeit in Cambridge, Massachusetts, um 1897

Ausflüge und Fahrradtouren machte. *Wenn man das jüngste Mädchen in einer Familie ist dann ist es besser einen zwei Jahre älteren Bruder zu haben, weil das alles zum Vergnügen macht, man geht überall hin und tut alles weil er alles für einen tut und mit einem tut was eine vergnügliche Art ist alles zu erleben.*[31]

Leo beendete das College und ging 1895 – zum erstenmal seit seiner Kindheit – wieder nach Europa. Zwei Monate verbrachte er in Paris, die meiste Zeit im Louvre, und einen Monat in Deutschland. Seine Briefe an die Schwester sind kleine ästhetische Abhandlungen über Kunst und Architektur, sie zeigen einen entschiedenen Geschmack: «Ich bin ein glühender Rembrandtianer wie eh und je. Bei Farbgebung und Komposition schwöre ich auf Rubens. Ich kann mich für keinen der Italiener begeistern außer Leonardo. […] Raphael ist, was von ihm im Louvre zu sehen ist, in Gefühl und Ausführung ganz hübsch, und zu Tizian kann ich noch nichts sagen.»[32] Als Leo sein Studium in Amerika wiederaufnehmen wollte, bot ihm sein Cousin Fred Stein an, ihn auf einer Weltreise zu begleiten – Leo sagte zu. Von der Westküste aus fuhren sie zuerst nach Japan, und auf dem Schiff begegneten die beiden Hutchins Hopgood, den Leo aus Harvard kannte und der ein berühmter Kritiker und Soziologe werden sollte. In seinen Erinnerungen «A Victorian in the Modern World» («Ein Viktorianer in der modernen Welt») erzählt Hopgood, daß Leo zu allem und jedem eine Meinung hatte und diese Meinung mit großem rhetorischem Geschick zu verteidigen wußte. Im Dezember 1895 kamen Leo und Fred Stein nach einer unruhigen Überquerung des Pazifik in Japan an, wo sie zwei Monate blieben. Leo entdeckte die japanische Druckgraphik und begeisterte sich für Künstler wie Kuninaga und Harunobu. Von Japan ging die Reise weiter nach China, Ceylon und Ägypten und von da nach Italien.

Gertrude Stein, in Cambridge zurückgeblieben, konzentrierte sich auf ihr Studium und fand dennoch Zeit für kulturelle und soziale Beschäftigungen. Mit dem Harvard-Studenten Leo Friedman ging sie regelmäßig zu den Konzerten der Bostoner Philharmonie, und zusammen mit ihrem Kommilitonen Leon Solomons veröffentlichte sie in der «Psychological Review» unter dem Titel «Normal Motor Automatism» die Resultate ihrer psychologischen Untersuchungen.[33] Dieser Artikel fand die Zustimmung von Münsterberg und veranlaßte James, sie zu seinem Oberseminar einzuladen. James war es auch, mit dem sie über ihre weitere Ausbildung diskutierte; seinem Rat folgend beschloß sie, Medizin zu studieren. Sie belegte nun Biologie, Botanik, Zoologie und Chemie und bereitete sich auf die Prüfung für den Bachelor of Arts vor, die sie absolvieren mußte, um ihr Medizinstudium fortsetzen zu können. Für die Zulassung zur Prüfung mußte sie Lateinkenntnisse nachweisen, die sie jedoch nicht besaß. So nahm sie einen Privatlehrer, aber als sie im Sommer 1896 vor der Wahl stand, in Cambridge Latein zu lernen oder Leo, der von seiner Weltreise zurückkehrte, nach Europa entgegenzufahren, zögerte sie nicht: Sie reiste nach Europa und fiel in der Lateinprüfung im Frühjahr 1897 durch. Nur dank der Fürsprache ihrer Harvard-Professoren durfte Gertrude Stein sich trotzdem an der medizinischen Fakultät der Johns Hopkins University in Baltimore einschreiben, wo Leo jetzt Biologie studierte. Sie war wieder mit Leo in Baltimore, und die Geschwister zogen zusammen. Michael Stein, vor allem aber seine Frau Sarah, hatte Bedenken gegen dieses Arrangement, aber sie wurden belehrt, daß Gertrude sich als Medizinstudentin um Leos Magenbeschwerden kümmern könne. Der erste gemeinsame Haushalt von Leo und Gertrude Stein befand sich in der East Biddle Street 215 und wurde von einer gutmütigen Haushälterin deutscher Herkunft, Lena Lebender, verwaltet. Lena, die ihre zwei Hunde Jack und Rags mitbrachte, kümmerte sich mit mütterlicher Fürsorge um die Geschwister und diente Gertrude als Modell für die Figuren der Hausangestellten, *die gute Anna* und *die sanfte Lena*, in den gleichnamigen Erzählungen. Die gute Anna *war eine kleine, hagere Deutsche, damals ungefähr vierzig Jahre alt*, heißt es in der Erzählung. *Ihr Gesicht war verhärmt, ihre Wangen waren eingefallen, ihr Mund schmal und*

Gertrude Stein als Medizinstudentin an der Johns Hopkins
School of Medicine, um 1898

hart, und ihre hellen, blauen Augen leuchteten. Manchmal waren sie voller Blitze und manchmal voller Humor, aber immer waren sie scharf und klar.[34] Anna stellt das Leben ihrer Herrin über ihr eigenes und führt eine Ersatzexistenz. Wie Anna ist auch die sanfte Lena eine einfache Frau, die sich mit ihrem einfachen Leben zufriedengibt. *Lena war geduldig, sanft, lieb und deutsch. Seit vier Jahren war sie Dienstmädchen und es gefiel ihr sehr gut.*[35] Diese beiden Figuren erinnern an Flauberts Félicité, die Heldin der Erzählung «Ein einfaches Herz», und wie diese werden beide in einem leicht distanzierten Ton vorgestellt, ein wenig mitleidig und ein wenig herablassend. Die Charaktere allein bestimmen den Gang dieser Geschichten – ihr Tod beendet die Erzählungen. Die Handlungen sind episodenhaft, kennen keine Entwicklung und keine Auflösung. Gertrude Stein entwickelte hier eine Erzähltechnik, in der die Chronologie zwar eingehalten, aber in kleine Zeiteinheiten aufgebrochen wird, die nacheinander jede für sich abgehandelt werden; erst die Akkumulation dieser Erzählmomente macht die Realität der Fiktion aus. Die lose narrative Struktur dieser Erzählungen wird durch eine genau konstruierte Sprache zusammengehalten, welche Wiederholungen von Wörtern und

Gertrude Stein, links, mit Schwägerin Sarah und Neffen Allan am Strand von San Francisco, 1899

Sätzen zum stilistischen Merkmal macht. Diese Wiederholungen werden durch die Haltung des Erzählers, der alles beschreibt und seine Beschreibungen immer wieder zusammenfaßt, inhaltlich notwendig. Die Figuren werden nicht durch ihre Handlungen dargestellt, sondern sie werden beschrieben, denn in der Charakterisierung liegt Gertrude Steins Interesse. Sie will Verhaltensmuster und psychische Typen sprachlich fassen, und ihre Haushälterinnen sind für sie als psychologische Fälle, als Typen menschlicher Existenz interessant.

Claribel Cone, Gertrude Stein und Etta Cone, Florenz, Juni 1903

Wie in diesen Erzählungen die Figur der Haushälterin, so sorgte die Hausangestellte Lena Lebender für die Geschwister Stein und deren Gäste. Denn Leo lud gerne Leute ein, um ihnen von seinen Reisen und den in Europa aufgenommenen ästhetischen und wissenschaftlichen Ideen zu erzählen; er dozierte mit Vergnügen und konnte eine ganze Gesellschaft stundenlang unterhalten. Sein Studium vernachlässigte er zugunsten von Galerie- und Museumsbesuchen, und er hatte angefangen, japanische Drucke zu sammeln, die die Wände des Hauses in der Biddle Street zierten. Leo war das intellektuelle, Gertrude das gesellschaftliche Zentrum ihres gemeinsamen Kreises.

In dieser Zeit begann Gertrude Steins lebenslange Freundschaft mit den Schwestern Etta und Claribel Cone. Die Geschwister Cone stammten wie die Steins aus einer deutsch-jüdischen Familie; ihr Vater hatte ein bescheidenes Vermögen hinterlassen, die Söhne hatten es zu vergrößern verstanden und konnten so ihren beiden unverheirateten Schwestern finanzielle Sicherheit bieten. Claribel Cone war zehn Jahre älter als Gertrude. Sie hatte das Women's Medical College of Baltimore 1891 beendet und eine Karriere in der Forschung gewählt; sie unterrichtete an ihrer Alma Mater und beteiligte sich an einem Forschungsvorhaben am Pathology Department der Johns Hopkins University, als Gertrude sich dort einschrieb. Etta Cone war zurückhaltender als ihre Schwester, ihre Leidenschaft galt der Kunst. An den Abenden in der Biddle Street debattierten sie – Etta über ästhetische und Claribel über soziale Themen – mit Leo. Obwohl Gertrude genauso gerne redete wie Leo, saß sie manchmal auch im Hintergrund und hörte nur zu. *Wir beide redeten gern sehr viel obwohl ich glaube ich hörte öfter zu oder wenn ich nicht öfter zuhörte schwieg ich wenigstens öfter.*[36]

Solange Gertrude mit Leo zusammenlebte, gingen ihre Studien gut voran, aber Leo brach im Jahre 1900 sein Studium ab und ging nach Europa, um Kunst zu studieren. Daraufhin ließ auch Gertrudes Interesse an der Medizin immer mehr nach, selbst die begeisterte Wissenschaftlerin Dr. Claribel Cone konnte es nicht wieder wecken. Sogar die Ermahnung, es sei wichtig für die Sache der Frauen, daß möglichst viele von ihnen einen Abschluß erreichten, konnte Gertrude Stein nicht überzeugen. Sie zog in eine Wohnung in die East Eager Street um, ging neue Freundschaften ein und geriet in eine «dekadente» Gesellschaft, die die ästhetischen und moralischen Regeln des puritanischen Bürgertums in Frage stellte. Der Skandal um Oscar Wildes Prozeß sorgte auch in Amerika für angeregte Gespräche; in den Salons hingen Drucke von Audrey Beardsley, und die französischen Symbolisten hatten unter den amerikanischen Dichtern Nachahmer gefunden. Der moralkritische Pragmatismus und die Zulassung von Frauen zu den Universitäten verbreiteten den Gedanken von der Gleichheit der Geschlechter und ließen unkonventionelle Lebensstile akzeptabel erscheinen. In dieser Atmosphäre geistiger Freiheit hatte Gertrude Stein eine Affäre mit einer Kommilitonin, May Bookstaver – eine langwierige Affäre, die den Stoff für den kurzen Roman *Q. E. D. (Quod Erat Demonstrandum)* abgeben sollte. Dieser Roman erzählt eine komplizierte Dreierbeziehung, die Stein-Interpreten als autobiographisch ansehen.

Dieser erste literarische Text ist eine fast traditionelle, chronologisch aufgebaute Geschichte um drei Frauen, die den weiblichen Figuren von Henry James nachempfunden sind (Kate Croy, die Heldin aus James' «Flügel der Taube» wird mehrmals im Text erwähnt): finanziell unabhängige Amerikanerinnen aus dem Bildungsbürgertum, die nach Europa fahren. Die Grundform des Romans ist ein gleichschenkliges Dreieck: Zwei der Frauen stehen in einer Liebesbeziehung zur dritten. Die Dreizahl bestimmt die Struktur des Textes: In drei Jahren unternehmen die drei Frauen drei Reisen nach Europa. Helen Thomas, in der der Kritiker Leon Katz die wirkliche May Bookstaver zu erkennen meint, hat *eine aufrechte Gestalt* und ist *die amerikanische Version der ansehnlichen jungen Engländerin. In ihrer idealen Vervollkommnung wäre sie von un-*

aggressiver Entschlossenheit, ein klein wenig brutal und völlig unpersönlich gewesen, eine Frau mit Leidenschaften, aber ohne Gefühlsregungen, fähig zu andauerndem Einsatz, unfähig, etwas zu bedauern. In der amerikanischen Ausgabe lief es bestenfalls auf nicht mehr als tapfere Großtuerei hinaus.[37] Die schöne Helen – die ironische Anspielung auf die griechische Sage ist nicht zufällig –, wird sowohl von der prüden, berechnenden Mabel als auch von der geschwätzigen, direkten Adele umworben. *Mabel hatte den eckigen Körper einer alten Jungfer, doch das Gesicht erzählte eine andere Geschichte. Es war von blaß gelbbräunlicher Haut und durchsichtig an Schläfen und Stirn, schwer um den Mund, nicht vom Gewicht des Fleisches, sondern vom Zug der nicht vergeistigten Leidenschaft, die ständig übersättigt wurde und ständig ungestillt war.*[38] Adele ist diejenige der Frauen, die ihre Gefühle am besten erkennt und artikulieren kann, aber sie ist zu träge, um zu handeln. *Wenn Adele an den kühlen Abenden neben Helen auf Deck lag, schützte diese sie vor dem Wind und gestattete ihrer Hand, sanft auf ihrem Gesicht zu ruhen, und ihren Fingern, leicht um ihre Lippen zu spielen. Dann hatte Adele das dumpfe Empfinden von innerem Widerstand, ein Gefühl, daß sie, wäre sie nicht so träge, versuchen würde zu entscheiden, ob sie nachgeben oder widerstreben sollte, doch war sie zu müde zum Denken, zum Nachgeben oder Widerstreben.*[39] Von Anfang der Erzählung an haben diese drei Frauen genau definierte Charaktere, die Stein geschickt darzustellen weiß, denen sie aber eine Entwicklung verweigert. Statt dessen konzentriert sie sich ganz auf die Beziehung und die Interaktion zwischen ihnen, so daß der Roman als eine «Commedy of manners» interpretiert werden kann. Aber auch die Beziehung kennt keine Entwicklung – der Roman beschreibt einen Status quo. Wie schon am Anfang, ist Adele am Ende weder bereit, Helen mit Mabel zu teilen, noch fähig, Helen für sich allein zu gewinnen. *«Kann sie die Dinge nicht sehen, wie sie sind»*, wundert sich Adele über Helen, *«und nicht, wie sie sie machen würde, wenn sie Kraft genug hätte, was sie eben nicht hat. Ich fürchte, das kommt sehr nahe an den Zustand der Ausweglosigkeit heran», stöhnte sie und ließ den Kopf auf die Arme fallen.*[40] Adele ist das zentrale Bewußtsein im Roman; es ist ihre Wahrnehmung, durch die das Geschehen dargestellt wird. Stein versucht in diesem frühen Text noch nicht, auf die Stimme des Erzählers zu verzichten, sondern integriert sie in das Gewebe der Fiktion. Die Erzählerstimme bleibt immer erkennbar, sie nimmt manchmal einen vertraulichen, manchmal einen strengen Ton an und schafft eine ironische Distanz zu den Figuren, die sie manipuliert.

In der Art Henry James' bleibt die Liebesbeziehung im Roman unentschieden – im Leben muß Gertrude Stein zwischen der Leidenschaft einerseits und der Angst vor gesellschaftlicher Ächtung andererseits hin- und hergerissen gewesen sein. Zwar war ihr soziale Anerkennung nicht wichtig, aber sie wollte auch nicht auffallen und pflegte die Unscheinbarkeit. *Sie sagt immer, daß sie das Abnorme nicht leiden könne, es sei so durchsichtig,* heißt es in einem autobiographischen Text, *Das Normale, sagt sie, sei auf so viel simplere Art kompliziert und deshalb interessant.*[41]

Die Beziehung zu May Bookstaver war wahrscheinlich auch ein Grund, warum Gertrude Stein ihr Studium immer mehr vernachlässigte. Schließlich floh sie 1902 nach Europa zu Leo, der sich in Florenz aufhielt. Leo zeigte ihr die Stadt, nahm sie wie immer überall mit hin und stellte sie seinem neuen Freund, dem Kunsttheoretiker Bernard Berenson vor. Den Sommer verbrachten Leo und Gertrude in England: zuerst auf dem Landsitz der Berensons, wo sie Bernards Schwager, den Philosophen Bertrand Russell, und den Dramatiker Israel Zangwill kennenlernten, und dann in einem gemieteten Cottage in Greenhill-Fernhurst in Surrey. Sie führten endlose Gespräche mit den Berensons und ihren Gästen, und ein häufiges Thema war das Verhältnis Europa-Amerika; ständig mußten Leo und Gertrude Stein Amerika vor den Attacken Russells verteidigen. Einig waren sie sich wieder, wenn sie über gemeinsame Bekannte klatschen konnten, wie zum Beispiel über die Dekanin des College Bryn Mawr. Dort hatte Russell 1896 gelehrt, als gerade eine Affäre zwischen einem jungen Professor und einer vielversprechenden Wissenschaftlerin die ganze Universität beschäftigte und auch in den benachbarten Städten für Aufregung sorgte – eine Geschichte, die eine Episode in Gertrude Steins späterem Roman *The Making of Americans* abgeben sollte. Gertrude mischte sich auch in Gespräche über Politik und Ästhetik ein, und Berenson fand ihre eigenwilligen Meinungen typisch amerikanisch, obwohl Leo und Gertrude gerade nicht den landläufigen Vorstellungen von Amerikanern entsprachen. Zwar waren sie, wie die meisten Amerikaner, auf der Suche nach kultureller Verfeinerung nach Europa gekommen, aber anders als die meisten Amerikaner kehrten sie damit auf den Kontinent ihrer Kindheit zurück. Für sie war Europa neu und doch vertraut, und das Minderwertigkeitsgefühl ihrer gebildeten Landsleute war ihnen genauso fremd wie die Arroganz der ungebildeten. «Gertrude und Leo begegneten den delikaten Empfindsamkeiten der englischen intellektuellen Elite mit Bedacht», schreibt die Biographin Janet Hobhouse. «Bei den Steins in Europa gab es keine Neue-Welt-Unterlegenheit.»[42] Ihre Unbefangenheit machte die Geschwister Stein zu gern gesehenen Gästen des Bloomsbury-Kreises, als sie sich im Herbst 1902 in London niederließen, wo sie am Bloomsbury Square 20 eine Wohnung gemietet hatten.

Als der Herbst in den naßkalten Winter überging, reiste Leo Stein, nachdem er sich mit Büchern eingedeckt und ein Ölgemälde von Wilson Steer gekauft hatte, nach Paris. Das Bild war an und für sich nichts Besonderes und hatte nicht viel gekostet, aber es war das erste Bild überhaupt, das Leo kaufte, und der Beginn einer legendären Sammlung. Leo

Stein hatte eigentlich vor, nach Amerika zurückzukehren, aber eines Abends, während er mit seinem Freund Pablo Casals dinierte und diesem seine ästhetischen Theorien darlegte, beschloß er, in Paris zu bleiben. Er verbrachte den nächsten Tag im Louvre und schrieb sich an der Académie Julien ein. Seinen Onkel Ephraim Keyser, der sich gerade in Paris niedergelassen und für sich selbst ein schönes Haus gefunden hatte, bat Leo um Hilfe. «Da ich nicht gern auf Wohnungssuche gehe, sagte ich ihm, daß er sicher das Beste genommen hätte, das zu finden gewesen war: was war das Zweitbeste? Er sagte, das Zweitbeste sei Rue de Fleurus 27.»[43] Leo Stein besichtigte das Haus, das in einer ruhigen Straße in unmittelbarer Nähe des Jardin du Luxembourg gelegen und von dem Architekten G. Pasquier 1894 erbaut worden war. Eine enge Durchfahrt führte von der Straßenseite des Gebäudes an der Hausmeisterloge vorbei in einen asphaltierten Innenhof; rechts befand sich ein kompakter, eingeschossiger Pavillon, daran, in einem Winkel nach Norden, ein Studio. Das Haus entsprach Steins Bedürfnissen, und er zog ein.

Gertrude Stein blieb in London, wo sie täglich viele Stunden in der Bibliothek des British Museum verbrachte und englische Literatur las. *Sie füllte ganze Notizbücher mit Redewendungen, die ihr gefielen [...]. Die übrige Zeit wanderte sie in den Straßen Londons umher und fand sie unendlich traurig und deprimierend.*[44] Die Diskussionen mit Berenson, die Besuche in Bloomsbury und nicht zuletzt Leo Steins ästhetische Theorien müssen Gertrude auf die Idee gebracht haben, in der künstlerischen Gestaltung die Erfüllung zu suchen, die sie in der Medizin nicht finden konnte. Nach Amerika zurückgekehrt, schrieb sie unter dem Eindruck der langen und aufreibenden Beziehung zu May Bookstaver den Roman *Q. E. D.* Ob der Literaturwissenschaftler Leon Katz recht hat, wenn er in diesem Roman die Befreiung von dieser unglücklichen Beziehung sieht, läßt sich schwerlich klären; jedenfalls bemühte Stein sich nicht um eine Veröffentlichung: Der Text wurde unter ihren Manuskripten gefunden und postum veröffentlicht.

In Amerika fand sich Gertrude Stein wieder allein. Zwar wohnte sie für kurze Zeit mit Freundinnen in New York, an der Ecke 100th Street und Riverside Drive, aber sie fühlte sich einsam und ratlos. Ohne den Druck, den Professor James hätte ausüben können, und ohne die emotionale Unterstützung ihres Bruders Leo fiel sie bei den Prüfungen durch. Ihr wurde die Möglichkeit angeboten, Sommerkurse zu belegen und die Prüfungen im Herbst zu wiederholen, aber sie weigerte sich. *Bewahre*, soll sie dem Professor geantwortet haben, der sie zu Sommerstudien animieren wollte, *Sie können sich gar nicht vorstellen, wie wenig mich die pathologische Psychologie interessiert und wie mich die ganze Medizin langweilt.*[45] Sie wußte, daß sie ihr Studium nicht wiederaufnehmen würde, aber sie wußte nicht, was sie statt dessen tun sollte.

Leo Stein in Paris ging es gut; er zog durch Galerien und Ausstellungen und hatte durch Berensons Vermittlung den Kunsthändler Ambroise Vollard kennengelernt und in dessen Galerie zum erstenmal Bilder von Cézanne gesehen. Von Farbgebung und Komposition dieser Bilder war Leo so beeindruckt, daß er nach einigen Besuchen ein Gemälde kaufte: eine frühe Landschaft, «Das Frühlingshaus». Als er im Sommer Berenson in Florenz wiedertraf, war Cézannes Malerei ein Hauptgesprächsthema zwischen ihnen. Berenson machte Leo mit Charles Loeser, einem amerikanischen Millionenerben, bekannt, der in seiner Florentiner Villa die damals bedeutendste Cézanne-Sammlung beherbergte. Statt in den Uffizien, wo er die Malerei des Quattrocento hatte studieren wollen, verbrachte Leo die meiste Zeit in Loesers Villa vor den Cézannes. Zurückgekehrt nach Paris, ging er wieder zu Vollard und schien auch seine eigene Malerei ernster zu betreiben.

Für Gertrude Stein gewann der Gedanke, zu Leo nach Paris zu ziehen, desto mehr an Reiz, je näher der neuenglische Winter rückte. Von ihrem Bruder Michael kam die Nachricht, daß er sich aus dem Geschäftsleben zurückgezogen hatte und auf Sarahs Betreiben bereit war, sich mit seiner Familie in Paris niederzulassen. Vielleicht war dies ein Anstoß für ihre Entscheidung, denn im Frühjahr 1903 verließ Gertrude Stein Amerika und reiste nach Paris.

Paris, Frankreich

Als sie bei Leo Stein in der Rue de Fleurus einzog, hatte Gertrude keineswegs die Absicht, sich in Paris niederzulassen. Sie wollte einige Zeit mit Leo verbringen und das kulturelle Leben der Stadt genießen, aber sie war fest entschlossen, die Verbindung zu Amerika nicht aufzugeben. Tatsächlich fuhr sie schon im Winter 1903/04 nach New York zurück, wo sie vermutlich May Bookstaver wiedersehen und versuchen wollte, das Verhältnis mit ihr zu kitten, verbrachte aber die meiste Zeit dann doch mit Schreiben. Schon in Paris hatte sie einen Roman, *The Making of Americans*, angefangen, und in New York schrieb sie die Erzählung *Fernhurst*. Es ist die Geschichte einer Liebe im Universitätsmilieu nach einer Episode, die ihr Bertrand Russell einige Jahre zuvor in Greenhill-Fernhurst in Surrey erzählt hatte (vgl. S. 29) und die sie später noch einmal in *The Making of Americans* aufgreifen sollte. Gertrude Stein blieb mehrere Monate in New York, und als sie im Juni 1904 in die Rue de Fleurus zurückkehrte, hatte sie den Entschluß gefaßt, bei Leo in Paris zu bleiben und Schriftstellerin zu werden. *Paris Frankreich ist aufregend und friedlich*, heißt es in ihren Erinnerungen.[46]

Diese Entscheidung könnte von der zerbrochenen Beziehung zu May Bookstaver bestimmt worden sein, ist aber in jedem Fall auch dem Einfluß Leos zu verdanken. Das Verhältnis zwischen den Geschwistern war sehr eng; sie verbrachten viel Zeit zusammen und schrieben gemeinsame Briefe. In diesen Briefen werden die Wesensunterschiede[47] zwischen ihnen sichtbar: In Leo Steins Abschnitten ist die Tinte dunkel, die kleinen, gedrängten Buchstaben verraten Angespanntheit im Gedanken wie in der Bewegung; in den Abschnitten Gertrudes ist die Tinte hell, und die Buchstaben breiten sich in lockeren Folgen über die Seiten aus. Zwar benutzen beide eine Art «baby talk», eine Kindersprache, jedenfalls eine Intimsprache, die von einem gemeinsamen Alltag zeugt, aber für Leo scheint sie eine Abwendung von der schwierigen Realität auszudrücken, während Gertrude damit eine unschuldige Atmosphäre herstellen will.

Nicht nur schätzte Gertrude Stein Leos Gesellschaft – sie teilte auch sein Interesse für moderne Kunst, und Anfang des Jahrhunderts war kein

In der Wohnung Rue de Fleurus 27, Paris, 1905

Ort besser geeignet als Paris, um neue künstlerische Strömungen wahrzunehmen. Sie erkannte in dem Kreis, in den er sie einführte, ein intellektuelles Laboratorium, einen Nährboden für ihre eigenen literarischen Ambitionen. Zu Gertrudes Entschluß, sich in Paris als Schriftstellerin zu etablieren, müssen auch Leos neueste Versuche als Maler beigetragen haben, denn nachdem er es aufgegeben hatte, über Malerei zu schreiben, malte er jetzt selbst. Allerdings blieben seine Versuche eben dies: Versuche. Leo Stein konnte viel besser über Malerei sprechen, als er malen konnte – und er redete auch mehr, als er malte. Wenn er über Kunst sprach, waren seine Schwester Gertrude und sein Bruder Michael dankbare Zuhörer. Michael Stein wohnte mit seiner Familie in der Rue Madame, wo die Bildersammlung aus San Francisco dank neuer Einkäufe stetig anwuchs, aber langsam bedeckten sich auch in der Rue de Fleurus die Wände. Gertrude und Leo konnten von den Dividenden des durch Michael angelegten Geldes angenehm leben und ab und zu sich auch ein Bild leisten. Eines Tages verkündete Michael, daß sie 8000 Francs hätten, mit denen er nicht gerechnet habe: «[...] wir gingen augenblicks zu

Die Geschwister Stein in Paris, von links: Leo, Gertrude, Michael

Vollard», schreibt Leo Stein in seinen Erinnerungen, «ich suchte zwei Gauguins, zwei Cézannes, zwei Renoirs aus, und Vollard tat zur Abrundung noch einen Maurice Denis dazu, eine Jungfrau mit Kind.»[48] Gertrude begleitete Leo auf seinen Gängen durch die Galerien und vor allem zu Vollard, den sie besonders mochte. Vollard seinerseits gefiel ihre scharfe Beobachtungsgabe, die ihm im Gegensatz zu ihrer plumpen Erscheinung zu stehen schien. «Mlle Stein ist eine sehr komplexe Persönlichkeit. Wenn man ihr Kleid aus dickem Baumwollsamt, ihre Ledersandalen und ihre etwas bäuerliche Erscheinung sah, glaubte man eine Hausfrau vor sich zu haben, deren Horizont auf die Beziehung zum Obstverkäufer, zum Milchmann und Kaufmann beschränkt war. Aber an ihren Augen erkennt man sofort, daß Mlle Stein etwas anderes als eine ‹Bürgersfrau› ist. Die Lebhaftigkeit ihres Blickes verrät schnell den Beobachter, dem nichts entgeht.»[49] Aber es war Leo Stein, der bei Vollard

Paul Cézanne vor dem Bild der «Badenden» im Atelier des Lauves, fotografiert von Émile Bernard, 1904

die Bilder aussuchte, die sie kauften. Sein Geschmack war frei von jedem Konformismus und geradezu gierig nach einer neuen Ästhetik, nach der er nicht nur in Galerien und Ateliers, sondern auch auf den jährlichen Großausstellungen Ausschau hielt.

Im Pariser Kunstbetrieb waren der Salon d'Automne[50], die offizielle Herbstausstellung der Pariser Akademie, und der Salon des Indépendants, die Ausstellung unabhängiger Künstler im Frühling, die wichtigsten Ereignisse eines Jahres. Die Pariser Gesellschaft ging zu den Salons, um neue Moden und neue Autos vorzuführen, und schaute sich dabei Bilder an. Jeder der etwas darstellte oder darstellen wollte, war dort zu sehen, erinnerte sich Leo Stein später. Im Salon 1904 gab es nichts, was Leo nicht schon kannte; er nahm am Klatsch ebenso teil wie an den kunsttheoretischen Auseinandersetzungen und kam für sich zu dem Schluß, daß die bedeutendsten Maler der Zeit Manet, Renoir, Degas und

Henri Matisse, 1913

Cézanne seien, «the Big Four»⁵¹, die großen Vier. Im Salon des Indépendants von 1905 kaufte Leo ein Aktbild von Henri Manguin und eines von Félix Vallotton, im Salon d'Automne ein Bild von Cézanne, ein Porträt von Madame Cézanne, die in Grau gekleidet in einem roten Sessel sitzt. Aber auf dieser Ausstellung gab es auch etwas Neues, das Leo Steins Aufmerksamkeit anzog: den Fauvismus. Henri Matisse, André Derain, Henri Manguin, Maurice de Vlaminck und zwei in Frankreich lebende Russen, Alexej von Jawlensky und Wassily Kandinsky, zeigten Bilder, die mit ihren heftigen Pinselstrichen und leuchtenden Farben so sehr gegen die Konventionen des Publikums und der Kritik verstießen, daß sie einen Skandal verursachten, wie ihn Paris seit den ersten Ausstellungen der Impressionisten nicht mehr erlebt hatte. Leo Stein, der bis dahin den Bildern von Matisse eher zurückhaltend gegenübergestanden hatte, war vom Fauvismus begeistert und kaufte «La Femme au chapeau» («Die Frau mit dem Hut») für 500 Francs. Durch die Vermittlung von Vallotton und Manguin lernten die Steins Matisse persönlich kennen, und in kurzen Abständen kauften sowohl Leo und Gertrude als auch Michael und seine Frau Sarah mehrere Bilder von ihm. Die Steins wurden Matisse' wichtigste Pariser Kunden. Sie sicherten ihm nicht nur durch regelmäßige Käufe ein gewisses Einkommen, sondern sie waren auch ebenso interessante wie interessierte Gesprächspartner. Sarah Stein, genannt Sally, die schon in San Francisco Kunst studiert hatte, fand in Matisse einen anregenden Lehrer, und sie gründete das berühmt gewordene «Atelier Matisse», eine Art Kunstwerkstatt, die dem Maler ein Forum bot, seine Prinzipien und Grundsätze zu erläutern und eine Schülerschaft heranzuziehen. Noch lange nachdem Leo und Gertrude Stein in ihrem Interesse und ihrem Geschmack sozusagen fortgeschritten waren, unterstützten Michael und Sally weiterhin Matisse. Er malte ihre Porträts (s. S. 59) und war ein regelmäßiger Gast ihrer Abendgesellschaften, denn die Steins wurden durch ihre Bilderkäufe und ihren ungewöhnlichen Geschmack bekannt, und immer mehr Leute kamen, um die vielen Gemälde zu sehen, die sowohl in der Rue Madame als auch in der Rue de Fleurus hingen. Um den Andrang der Besucher zu bewältigen, beschlossen die Steins, einen «Jour fixe» einzurichten: Michael und Sally Stein den Samstagnachmittag, Leo und Gertrude den Samstagabend. *Nach und nach kamen die Leute in die Rue de Fleurus, um sich die Matisses und Cézannes anzuschauen, Matisse brachte Bekannte mit, jeder brachte jemanden mit, sie kamen zu jeder beliebigen Zeit, und es begann unerträglich zu werden, und so fing es mit den Samstagabenden an.*[52] Den Besuchern erklärte Leo die Bilder mit großer Begeisterung, und er nannte selber die Stimmung in der Rue de Fleurus eine «atmosphere of propaganda», eine «Propaganda-Atmosphäre» – Leo fühlte sich als Propagandist der modernen Kunst. Daß viele Besucher kamen, um sich über ihn und seine Bilder lustig zu machen, muß er gemerkt haben – stören ließ er sich dadurch nicht. Er «kämpfte gegen die Trägheit seiner Gäste, erläuterte, belehrte, interpretierte»[53], schreibt eine Freundin der Steins, Mabel Dodge. In der Rue de Fleurus war zu jener Zeit die größte Cézanne-Sammlung überhaupt zu sehen, und Michael und Sally Stein hatten innerhalb kurzer Zeit ihre Wohnung in ein regelrechtes kleines Matisse-Museum verwandelt. Zu den Bekannten der Steins gehörten nicht zufällig die russischen Sammler Michail Morosow und Sergej Schtschukin[54] und der legendäre Dr. Albert Barnes[55] aus Philadelphia. Die Steins stellten eine Verbindung zwischen künstlerischen und mondänen Kreisen dar und verhalfen nicht nur Matisse zu zahlkräftigen Kunden. Leo blieb der intellektuelle Kopf des Clans und machte die ‹Entdeckungen›.

Bei seinen regelmäßigen Rundgängen durch die Pariser Galerien besuchte Leo Stein auch das kleine Geschäft von Clovis Sagot in der Rue Lafitte, neben der Kirche Notre-Dame de Lorette. Sagot, ein ehemaliger Clown mit theatralischem Gehabe und Interesse an Kunst, betrieb eine kleine Galerie mit Ausschank, die zum Treffpunkt einer Clique junger, vor allem spanischer Künstler geworden war. Immer wieder versuchte er, Leo die Bilder seiner Schützlinge aufzudrängen, und eines Abends im November 1905 kündigte er ihm «das Richtige»[56] an. Leo war interessiert genug, um zu der Ausstellung zu gehen, die Sagot für einen unbekannten vierundzwanzigjährigen spanischen Künstler namens Pablo Picasso ausgerichtet hatte. Leo kaufte ein Bild – einen Clown mit Frau, Kind und

Affen – und wollte den Künstler kennenlernen. Zuerst fragte er bei der Clique junger, noch unbekannter Künstler und Dichter wie Alfred Jarry, Stuart Merrill, Paul Moréas nach, die sich jeden Dienstag in der Closerie des Lilas in Montparnasse trafen. Dann fragte er seinen Freund Henri-Pierre Roché, der ihn schon mit anderen Künstlern bekannt gemacht hatte und der ihm denn auch dieses Mal dienen konnte. Leo Stein war von Anfang an von Picassos Energie beeindruckt. «Wenn Picasso eine Zeichnung oder einen Druck angesehen hatte, war ich überrascht, daß auf dem Papier noch etwas übriggeblieben war, so gierig war sein Blick.»[57] Nur wenige Tage nachdem sie sich kennengelernt hatten, beschloß Leo, ein weiteres Bild von Picasso zu kaufen, «das Bild eines fast nackten kleinen Mädchens mit einem Korb roter Blumen»[58]. Er nahm seine Schwester mit zu Sagot, um ihr das Bild zu zeigen. Sie mochte es nicht, vor allem die Beine und Füße des Mädchens fand sie schlecht gemalt. Sagot bot an, den unteren Teil des Gemäldes abzuschneiden und ihnen nur die obere Hälfte zu verkaufen, aber die Geschwister konnten sich nicht einigen und gingen unverrichteter Dinge wieder weg. Aber ein paar Tage später kehrte Leo allein zurück und kaufte das Bild. Gertrude fand nicht nur, daß ihr das Bild den Appetit verderbe, sondern daß es sie auch am Schreiben hindere. Jeden Tag zu schreiben hatte sie sich schon angewöhnt: *Damals plante sie ihr langes Buch «The Making of Americans», sie kämpfte mit ihren Sätzen, diesen langen Sätzen, die so exakt gebaut werden mußten. Sätze, nicht nur Worte, sondern Sätze und immer wieder Sätze sind Gertrude Steins lebenslängliche Leidenschaft gewesen.*[59] Sie schrieb also weiter an dem Roman, den sie schon vor ihrem New York-Aufenthalt angefangen hatte, aber auch Erzählungen und kurze Prosatexte, Skizzen über Leute und Ereignisse aus ihrem Alltag. Außerdem hatte sie angefangen, Flauberts «Trois Contes» («Drei Geschichten») zu übersetzen.

Vielleicht war Leo Stein von dem gerade gekauften Bild und von dem entdeckten Maler überzeugter als von der Schriftstellerei seiner Schwester. Jedenfalls ließ er sich von Gertrudes angeblichen Schreibhemmungen nicht beirren; das Bild wurde aufgehängt, und kurz danach kam auch der Maler in die Rue de Fleurus. Picasso fand in den Steins nicht nur Freunde, sondern auch Käufer, was für ihn damals wichtiger war. Für Leo war Picasso der Künstler schlechthin: Er strahlte Energie aus, hatte ein zügelloses Temperament, war von sich und von der Bedeutung seiner Kunst überzeugt. Picasso wirkte ungehobelt im Vergleich zu dem älteren Matisse, der professoral und distinguiert war. Aber gerade diese Direktheit mochte Gertrude, der auch seine dunkle, kräftige Erscheinung gefiel. Als er ihr vorschlug, sie zu proträtieren, war sie entzückt und saß ihm in den nächsten Monaten Modell in seinem Atelier in der Rue de Ravignan 13, dem von Max Jacob Bateau-Lavoir genannten Gebäude. Tag für Tag ging sie zu Fuß vom Jardin du Luxembourg zum Odéon, wo sie

Pablo Picasso: Hommage an Gertrude Stein, 1909, Privatsammlung

die Pferdebahn zum Montmartre nahm und dann hinauf zum Bateau-Lavoir stieg. In Picassos Atelier herrschte ein stetiges Kommen und Gehen, während Gertrude Stein in einem schäbigen Sessel saß und mit Fernande, Picassos damaliger Geliebten, schwatzte. «Sie hatte eine männliche Stimme und den Gang eines Mannes», schrieb Fernande über Gertrude Stein. «Sie war klein und von massiger Gestalt, hatte einen wunderbaren Kopf mit ausgeprägten, vornehmen Zügen und eine auffallend regelmäßige und intelligente Augenpartie.»[60] Während der vielen langen Sitzungen des Jahres 1906 festigte sich die Freundschaft zwischen Gertrude Stein und Picasso, die sich in vieler Hinsicht ähnlich waren: schnell in ihren Urteilen, in ihren Meinungen stur und bis zur Unhöflichkeit direkt. Ihre Freundschaft gründete nicht zuletzt in der Überzeugung beider, daß sie über eine besondere schöpferische Begabung verfügten – bei Gertrude wurde die Bezeichnung «genial» geradezu zum Sprachtick.[61] Denn dieser Anspruch der Genialität war noch reine Einbildung: Der Maler Picasso war damals in der Öffentlichkeit ebenso unbekannt wie die Schriftstellerin Gertrude Stein. Und dennoch waren beide überzeugt, daß ihr Schaffen andersartig und besonders sei. Ähnlich waren sich Gertrude Stein und Picasso auch darin, daß beide dem Land ihrer Herkunft eng verbunden blieben und seine Tradition in der Fremde hochhielten. *Schließ-*

*lich ist jeder, das heißt, jeder der schreibt daran interessiert in sich selbst zu leben damit er sagen kann was in ihm drinnen ist. Darum müssen Schriftsteller zwei Länder haben, eins wohin sie gehören und eins in dem sie wirklich leben. Das zweite ist romantisch, es ist getrennt von einem selbst, es ist nicht wirklich aber es ist wirklich da.*⁶² So hatte Gertrude Stein ein Land, wohin sie gehörte, die USA, und eines, in dem sie lebte, Frankreich. Ähnlich waren sich Gertrude Stein und Picasso auch darin, daß sie als Exilierte das Französische als Fremdsprache sprachen: Die Amerikanerin und der Spanier redeten miteinander französisch, beide mit je eigenem, starkem Akzent, aber fließend und völlig unbefangen. Sie konnten an jedem Gespräch teilnehmen und mit Freunden schwierige ästhetische Fragen erörtern. Die fremde Sprache war der Zugang zu der Realität, in der sie lebten, und zugleich Symbol der Entfremdung von dem Land ihrer Herkunft. *[...] ich fühle nämlich mit den Augen und es ist mir ganz einerlei, welche Sprache ich höre, ich höre keine Sprache, sondern den Klang und Rhythmus einer Stimme, und mit meinen Augen sehe ich Worte und Sätze, und für mich gibt es nur eine Sprache und das ist Englisch.*⁶³ In der sprachlichen Isolation von Paris war das Englische für Gertrude Stein kein Medium des Alltags und der Kommunikation, sondern ein Medium der Kunst. Der englischen Alltagssprache fern, entwickelte Gertrude Stein einen literarischen Stil, der die Sprachkonventionen ignoriert und die Sprache als Instrument der Mitteilung dekonstruiert.

Die Besucher der Rue de Fleurus wußten, daß Gertrude Stein schrieb, aber kaum einer hatte jemals etwas von ihr gelesen, auch Picasso, der kein Englisch sprach, kannte ihre literarischen Versuche nicht. Picasso wurde zum Stammgast in der Rue de Fleurus und brachte seine (armen) Künstlerfreunde mit: Max Jacob, der mit seinen skurrilen Erzählungen oft zur Erheiterung der Gesellschaft beitrug; Guillaume Apollinaire, der Gedichte vorlas, und dessen Geliebte Marie Laurencin, die sie alle in einem ihrer berühmtesten Gemälde festhielt. Unter den Besuchern der Rue de Fleurus waren auch die älteren Freunde der Steins, die Schwestern Claribel und Etta Cone. Etta hatte in der Rue Madame, in der Nähe von Michael Stein und seiner Familie, eine Wohnung gemietet, und Claribel, die sich zu Forschungszwecken immer wieder in Deutschland aufhielt, kam oft nach Paris. Die Cone-Schwe-

Guillaume Apollinaire, 1914

Die Wohnung von Leo und Gertrude Stein, Rue de Fleurus 27, Anfang 1906. Links hängt das «Porträt von Madame Cézanne» von Cézanne, rechts daneben ein Bild, das wahrscheinlich von Leo stamm dann folgen Renoirs «Zwei Frauen», Matisse' «Frau mit Hut», Toulouse-Lautrecs «Das Sofa», Cézannes «Badende» und darunter das Porträt von Michael Stein, das Leo gemalt hatte.

stern besaßen schon mehrere Gemälde und Zeichnungen von Matisse, und Etta hatte sogar ein Bild von Picasso gekauft, nachdem sie ihn bei Gertrude und Leo Stein kennengelernt hatte. Aber auch andere amerikanische Bekanntschaften der Geschwister kamen regelmäßig, und alle brachten Freunde mit, die ihrerseits Freunde mitbrachten – sie kamen nicht zuletzt, um die inzwischen stattliche Bildersammlung zu sehen, die das Haus füllte. Im Eßzimmer waren die *Wände mit Büchern bedeckt. [...] Auf die einzigen freien Flächen – die Türen – waren ein paar Zeichnungen von Picasso und Matisse geheftet. [...] An den Wänden standen mehrere italienische Renaissancemöbel, und in der Mitte des Zimmers ein großer Renaissancetisch, darauf ein reizendes Tintenfaß, und auf dem einen Ende, hübsch angeordnet, mehrere Hefte, wie sie die französischen Kinder benutzen mit Bildern von Erdbeben und Entdeckungsreisen auf dem Umschlagdeckel. Und an allen Wänden bis oben an die Decke hingen Bilder.*[64] Der amerikanische Maler Charles Sheeler sollte sich noch Jahrzehnte

Die Wohnung von Leo und Gertrude Stein, Rue de Fleurus 27, 1907. Viele Bilder sind hinzugekommen, vor allem von Picasso. Picassos Porträt von Gertrude Stein hängt heute im Metropolitan Museum of Art, New York.

später erinnern, wie beeindruckt er von der Steinschen Sammlung war, und auch die Fotografen Alfred Stieglitz und Edward Steichen besuchten die Geschwister Stein, um ihre Bilder zu sehen. In der Rue de Fleurus wurden junge amerikanische Künstler wie Walter Pach, Stanton Macdonald-Wright, Patrick Henry Bruce, Alfred Maurer zum erstenmal mit der französischen modernen Malerei konfrontiert – die Steinsche Sammlung in Paris spielte eine wichtige Rolle für die Verbreitung der modernen Malerei. An den Wänden hingen neben den Gemälden von Cézanne auch Bilder von Renoir, Matisse, Gauguin, Picasso. Diese Sammlung stellte auf einzigartige Weise die Geschichte der modernen Malerei dar: von Cézanne über Matisse zu Picasso. Viele dieser Künstler waren regelmäßige Gäste in der Rue de Fleurus, und einmal lud Gertrude alle zusammen ein: *Bei diesem Essen nun machte Gertrude Stein sie alle glücklich [...] indem sie jedem Maler einen Platz gegenüber von seinem eigenen Werk gab.*[65] Selber eitel, durchschaute sie die Eitelkeit anderer und verstand es, sie zu inszenieren. Solche Abende benutzte sie aber auch als Feldarbeit für ihre Charakterstudien, und viele der Gäste der Rue de Fleurus fanden sich in Gertrudes literarischen Porträts wieder.

Auch Sally und Michael Stein freundeten sich mit Picasso an, konzentrierten sich aber als Sammler weiterhin auf Matisse. Als die Nachricht von der Verwüstung San Franciscos durch das Erdbeben vom 18. April 1906 in Paris eintraf, beschlossen sie, nach Kalifornien zu reisen, um den Zustand ihrer verschiedenen Besitzungen zu inspizieren. Im Gepäck nahmen sie Bilder von Matisse mit: die ersten Bilder des französischen Malers, die in Nordamerika zu sehen waren. In einem Brief aus San Francisco an Gertrude berichtete Sally, daß sie eine «very popular lady», «eine sehr beliebte Frau», geworden sei, da alle die Bilder sehen wollten. Nach der Rückkehr in die Rue Madame kamen viele amerikanische Touristen, um die Sammlung von Michael Stein zu besuchen, und im Herbst 1907 fand sich eine kalifornische Bekannte, Alice B. Toklas, ein. Alice war eine kleine dickliche Frau mit schwarzen Haaren, die sich bunt anzog und exotisch wirkte. Ihre Biographie ähnelte derjenigen Gertrude Steins: Beide stammten aus bürgerlichen jüdischen Familien, waren an der Bucht von San Francisco aufgewachsen und schon als Kinder in Europa gewesen; beide Mütter waren früh gestorben. Alice erhielt die Ausbildung einer höheren Tochter ihrer Zeit: Sie bekam Klavierunterricht, war belesen (mochte besonders Henry James), hatte die University of Washington besucht und in San Francisco schon einen gewissen Erfolg als Pianistin gehabt. Während Alice durch Sally schon von Gertrude gehört hatte, kannte Gertrude Alice aus Briefen, denn für ihre Charakterstudien erbat sie sich oft die Briefe ihrer Freunde, und Annette Rosenshine hatte ihr mehrere Jahre hindurch die Briefe gezeigt, die sie von Alice Toklas erhielt. So kannten sich Alice und Gertrude schon, bevor sie sich im Salon von Sally persönlich begegneten. «Es war Gertrude Stein, die meine ganze Aufmerksamkeit auf sich zog», schrieb Alice Toklas in ihren Erinnerungen. «Sie war groß und schwer mit delikaten kleinen Händen und einem schönen und einzigartigen Kopf.»[66] Gertrude lud Alice gleich in die Rue de Fleurus ein. Alice wurde regelmäßiger Gast der Samstagabende, und kurz nach ihrer Bekanntschaft nahm Gertrude sie zu Picassos Atelier mit. *Wir stiegen die paar Stufen hinauf und kamen links an der offenen Tür des Ateliers vorüber, in dem später Juan Gris sein Märtyrerdasein zubringen sollte, [...] und dann kamen wir an einer steilen Treppe vorbei, an deren Fuß Max Jacob ein wenig später sein Atelier hatte, und kamen an einer anderen steilen kleinen Treppe vorbei, die zu einem Atelier führte [...]; überall gingen wir vorbei, bis wir zu einer größeren Tür kamen, an die Gertrude Stein anklopfte, und Picasso machte auf und wir traten ein.*[67] Während Gertrudes Beziehung zu Alice sich festigte und ihre Freundschaft mit Picasso auch nach der Fertigstellung des Porträts weiterhin intensiv blieb – ihrerseits porträtierte sie ihn literarisch –, herrschte in der Rue de Fleurus Unfriede.

Die Beziehung zwischen Gertrude und Leo Stein begann zu bröckeln. Leo mochte Picassos Porträt von Gertrude nicht besonders, und die

Alice Babette Toklas in San Francisco vor der Europa-Reise

«Demoiselles d'Avignon» besiegelten seinen ästhetischen Bruch mit Picasso. Anders als Gertrude sah er im Kubismus keine revolutionäre Erneuerung der Malerei, sondern modischen Schnickschnack. Doch bedeutsamer für die Beziehung zwischen den Geschwistern muß ihre eigene künstlerische Tätigkeit gewesen sein: Während Gertrude mit schier ungebrochener Energie Seiten füllte, verheddterte Leo sich in theoretischen Essays, die er nicht zu Ende brachte. Die Produktivität seiner Schwester muß ihm immer seine eigene schöpferische Sterilität vor Augen geführt haben. Darüber hinaus fand er das, was sie schrieb, ebenso wenig überzeugend und ästhetisch minderwertig wie den Kubismus Picassos: «Beide benutzen ihren Intellekt, den sie nicht haben, um etwas zu tun, was das genaueste kritische Feingefühl verlangen würde, das sie auch nicht haben, und meiner Meinung nach produzieren sie den größten Quatsch, den man finden kann.»[68] Gertrude aber ließ sich von Leos Einwänden nicht beeindrucken. Obwohl sie seit ihrer Kindheit seine Meinungen übernommen hatte und ihm geistig wie geographisch gefolgt war, ließ sie sich durch ihn von ihrem Schreiben nicht abbringen. Und in Alice B. Toklas fand sie in dieser Zeit eine neue Partnerin: Alice begleitete Gertrude bald überallhin und begann ihre Manuskripte abzuschreiben. Zuerst tippte sie «auf einer klapprigen Blickensdorfer»[69]. Dann: «Gertrude beschloß, daß wir eine richtige Maschine haben sollten, und Frank Jacot empfahl den Kauf einer Smith Premier. Wir bestellten eine. Das war ein gewaltiges Unternehmen. Eine Unmenge Verpackung wurde von der imposanten Erscheinung entfernt, die die Maschine geliefert hatte. [...] Jetzt brachte ich mir selbst das Maschineschreiben bei und erwarb mit der Zeit eine professionelle Treffsicherheit und Geschwindigkeit.»[70]

Im Sommer 1908 mietete sich Alice in Fiesole bei Florenz ganz in der Nähe der Villa ein, in der Gertrude und Leo wohnten. Sie bot Gertrude an, die dort entstehenden Manuskripte abzuschreiben, und mit dem Abschreiben fuhr sie später auch in Paris fort. In Gesellschaft war Alice ruhig und zurückhaltend, so daß Mabel Dodge in ihr eher eine Dienerin als eine Freundin Gertrudes sah. «Sie war immer dabei, jemand zu bedienen, vor allem Gertrude und Gertrudes Freunde. Sie war immer bereit, Besorgungen zu machen und durch ganz Paris zu laufen, um jemand ein bestimmtes Parfum zu kaufen oder irgendwelche Kleinigkeiten, die man haben wollte. [...] Am Anfang war sie so hartnäckig zurückhaltend, daß man sie für ein bildhaftes Objekt im Hintergrund hielt.»[71] Alice genoß die Gesellschaft von Malern und Dichtern, mit denen sie durch Gertrude Stein in Berührung kam. Aber sie durchschaute auch die Eitelkeiten dieser Leute und hielt sich immer im Hintergrund. Sie muß instinktiv gespürt haben, daß sie in Gertrude eine einzigartige Freundin gewonnen hatte und versuchte niemals, ihr Konkurrenz zu machen. In ihrem literarischen Porträt von Alice, *Ida*, macht Gertrude ihre Freundin zur Hauptperson und nennt sich selber nie, sondern benutzt für die Figur, die für sie steht, nur das Pronomen «someone», «jemand». Alice war in ihrer Loyalität gegenüber Gertrude unerschütterlich, und sie tat alles, um ihr behilflich zu sein. Sie kaufte ein und kochte, machte Termine und beantwortete Briefe, organisierte Ausflüge und Reisen, schrieb Manuskripte ab. Sie war eine Mischung aus Aristokratin und Zigeunerin, aus Pedanterie und Nachlässigkeit. Aber hinter der freundlichen und ruhigen Fassade steckten nicht nur große Lebenslust und Begeisterungsfähigkeit, sondern auch ein eiserner Wille. Innerhalb kurzer Zeit machte sie sich für Gertrude Stein unentbehrlich, und im Winter 1909/10 zog sie in die Rue de Fleurus ein. *Der Haushalt in der Rue de Fleurus 27 bestand damals wie auch jetzt noch aus einem winzigen zweistöckigen Pavillon mit vier kleinen Zimmern, Küche und Bad und einem sehr großen Atelier, das sich daran anschloß.*[72] Am Anfang galt Alice als Gertrudes Sekretärin, da sie die Aufgaben einer solchen wahrnahm. Bald gewöhnten sich die Besucher und Freunde an ihre ständige Anwesenheit und an ihre Nebenrolle als Gastgeberin in der Rue de Fleurus, und jede Erklärung wurde unnötig. Sie wurde als Gertrude Steins Begleiterin akzeptiert und nicht nur zur Eröffnung der ersten kubistischen Ausstellung mit Werken von Georges Braque[73] in der Galerie des jungen Kunsthändlers Daniel-Henry Kahnweiler in der Rue Vignon, sondern auch zu dem Abendessen eingeladen, das Picasso in seinem Atelier im Bateau-Lavoir für Henri Rousseau gab, dem berühmt gewordenen «Banquet Rousseau»: Dreißig Leute drängten sich in dem winzigen Atelier, wo Rousseau auf eine Art Thron unter dem Transparent «Honneur à Rousseau» gesetzt wurde. Als das Essen, das Fernande bestellt hatte, nicht rechtzeitig geliefert wurde, begnügten sich die Gäste mit Trinken. Ramón Pichot führte einen spanischen Tanz vor, Braque spielte Akkordeon, und Apollinaire trug ein zu Ehren Rousseaus verfaßtes Gedicht vor – Rousseau selbst spielte die Geige. Vom Atelier zog man durch die Lokale des Viertels, um weiterzutrinken, kehrte laut und rüpelhaft ins Atelier zurück und feierte bis in den Morgen. Gertrude und Alice waren nach Hause gegangen, nachdem das Haustier des Bistros «Lapin Agile», ein Esel namens Lolo, die Blumendekoration von Alice' Hut aufgefressen hatte.

In der Rue de Fleurus ging es ruhiger zu. Zwar entwickelte Gertrude Stein auf der Suche nach einem Verleger für ihre drei Erzählungen über Haushälterinnen eine gewisse Hektik, aber der Alltag blieb davon un-

Der Maler Henri Rousseau
mit Geige, 1905

berührt. Als sie keinen Verlag finden konnte, beschloß sie, die Erzählungen auf eigene Kosten drucken zu lassen. Alice B. Toklas korrigierte die Fahnen, und der Band erschien 1909 unter dem Titel *Drei Leben*: Er vereinigte drei Erzählungen, drei Entwürfe von Frauenfiguren. Während sie die Geschichten der Haushälterinnen Lena und Anna schon einige Jahre früher geschrieben hatte, war die Erzählung *Melanctha* kurz vorher fertig geworden, und sie sollte zu dem bekanntesten literarischen Text Gertrude Steins werden. Denn in der Gestalt der Melanctha schuf sie eine moderne Gestalt: eine junge Frau auf der Suche nach sich selbst, die sich anpassen, aber nicht aufgeben will. Den Handlungskern der Erzählung bildet Melancthas Liebesgeschichte mit Jeff. Sie stammt aus der Unterschicht, er ist Arzt – beide sind schwarz. Zum erstenmal in der Literatur der USA läßt ein weißer Autor eine Geschichte ausschließlich innerhalb der schwarzen Gemeinschaft spielen. Allerdings ist Gertrude Steins Interesse nicht soziologischer Art, deswegen behandelt sie ihre Figuren ohne jede Befangenheit, auch ohne jedes Vorurteil. Diese Erzählung ist wegen der Darstellung der Armut, in der die Schwarzen leben, als naturalistisch bezeichnet worden. Aber der Ort der Handlung ebenso wie die sozialen Verhältnisse der Figuren spielen eine untergeordnete Rolle und verschwinden oft fast völlig aus der Wahrnehmung des Lesers. Denn Steins Anliegen ist die Liebesbeziehung als solche, also die Interaktion zwischen zwei Menschen – nicht wo und wie sie leben. Obwohl sie es versteht, Spannungsmomente in den Gang der Beziehung einzubauen, erstickt die Handlung in einer Fülle von psychologischen und charakterlichen Merkmalen und in den Details von Stimmungen und Befindlichkeiten. «Es ist mehr ein Verlauf innerhalb eines Augenblicks als der Verlauf von einem Augenblick zum nächsten, was die Struktur von *Melanctha* ausmacht, denn die Geschichte als Ganzes besteht aus dem Anwachsen solcher Augenblicke, innerhalb dessen das Continuous Present als Vorgang erscheint. Der Augenblick ist ein Ruhepunkt, innerhalb dessen es Bewegung gibt.»[74] Der Ausgang der Liebesgeschichte – die Liebenden trennen sich, Melanctha stirbt an Tuberkulose – wird schließlich zu einer Nebensache der Liebesgeschichte, die alleine die Erzählung trägt. Indem sie die Handlung auf eine Beziehung reduziert, findet Gertrude Stein einen Weg zwischen Erzählen und Beschreiben. Und in der «-ing-Form» des Präsens findet sie ein Erzähltempus, das Handlung ausdrückt und Stillstand suggeriert; in Verbindung mit einem Stil, der auf der Wiederholung von Wörtern und Ausdrücken beruht und mit einem kleinen Wortschatz auskommt, sollte die «-ing-Form» zu einem Merkmal der Prosa von Gertrude Stein werden.

Die formale Anlage der *Drei Leben* und nicht zuletzt das Thema – das triviale Leben einfacher Frauen – trugen zu der nur langsamen Rezeption bei Kritik und Publikum bei. Von Paris aus schickte Gertrude Stein Exemplare ihres Buches an Freunde und Bekannte und an berühmte

Die Wohnung in der Rue de Fleurus 27, 1913. Die Bildersammlung ist um weitere Werke von Picasso und Cézanne angewachsen.

Schriftsteller. Ihr Mentor und Harvard-Professor William James schrieb ihr aus einem Sanatorium in Bad Nauheim: «Ich habe ein schlechtes Gewissen wegen ‹Drei Leben›. Nun, ich las 30 oder 40 Seiten und sagte mir: ‹Dies ist ein guter neuer Realismus – Gertrude Stein ist großartig! Ich werde mich näher damit befassen, wenn ich in der richtigen Stimmung bin›.»[75] Die richtige Stimmung kam nie: William James starb nur Monate später, ohne das Buch zu Ende gelesen zu haben. Aber seine Bemerkung, ebenso kurz wie freundlich, muß Gertrude Stein als Ermunterung genommen haben. Sonst blieb das Echo aus, von einigen Besprechungen in amerikanischen Zeitschriften und freundlichen Worten von Pariser Bekannten abgesehen. Aber in der Rue de Fleurus schrieb Alice B. Toklas unermüdlich weiter die Seiten ab, die Gertrude Stein füllte. In dieser Zeit änderte sich ihr Stil, und in ihrem Roman *A Long Gay Book* sind zwei verschiedene Stile bemerkbar: Während der erste Teil noch an das Genre Erzählung anknüpft, kündigt der zweite den Verzicht auf Narration an. Im ersten Teil versucht Gertrude Stein, alle menschlichen Charaktertypen zu beschreiben, die Wiederholungen zeugen von ihrem Manierismus, das Banale immer wieder verschieden zu behaupten[76]; im zweiten Teil versucht sie, Objekte zu beschreiben, Wortspiele und Assoziationen werden zu Elementen einer diskontinuierlichen Prosa, in der nur noch Motive erkennbar werden, aber keine Handlung mehr.[77] So entstand ein langes Buch, das nur im Kontext ihres gesamten Schaffens als Suche nach einer neuen formalen Erzählmöglichkeit Bedeutung hat. Alice B. Toklas fing beim Abschreiben dieser Seiten an, Kommentare und manchmal auch Vorschläge zu machen. Sie wurde Gertrudes Lektorin, und, was vielleicht noch wichtiger ist, sie war in dieser Zeit – und für lange danach – Gertrudes einziges Publikum.

Leo Stein scheint sich aus dieser Beziehung herausgehalten zu haben, um so mehr als er mit einer jungen Frau, die für seine Maler-Freunde und gelegentlich auch für ihn Modell gesessen hatte, Nina Auzias, eine Affäre angefangen hatte.[78] In dem Maße, in dem Leos Einfluß auf Gertrude schwand, nahm Alice' Einfluß auf sie zu. Gertrude war schon immer nur bedingt unabhängig gewesen und hatte seit ihrer Kindheit die praktischen Entscheidungen anderen überlassen. Leo war in jeder Hinsicht das Oberhaupt des Haushalts in der Rue de Fleurus gewesen und wurde nun ersetzt: Alice übernahm die alltäglichen Aufgaben, und für die ästhetische Anregung sorgte Picasso, ohne, wie Leo, anderen seine Meinungen aufzwingen zu wollen. Und die Haushälterin Hélène, die seit zwei Jahren bei den Geschwistern arbeitete, sorgte für Kontinuität im Haushalt. *Sie war eine von jenen Perlen oder mit anderen Worten ein Mädchen für alles, sie können gut kochen und haben nichts anderes im*

Die Wohnung in der Rue de Fleurus 27, Winter 1914/15, nachdem Leo ausgezogen und die Sammlung geteilt worden war.

Kopf als das Wohlergehen ihrer Herrschaft und ihr eigenes und sind immer fest überzeugt, daß alles, was man nur kaufen kann, viel zu teuer ist.[79]

Schließlich zog Leo Stein nach vierjähriger «Ménage à trois» 1913 aus. «Es gibt praktisch nichts, worüber wir uns einig sind oder das wir zumindest mit ähnlichen Sympathien betrachten.»[80] Den Hausrat und die Kunstsammlung teilten sie auf. Leo und Gertrude hatten seit 1897, als sie in Baltimore zusammengewohnt hatten, Drucke, Objekte, Bilder, Bücher, Möbel gemeinsam gesammelt. Nie aber waren sie systematische Sammler gewesen, sondern hatten sich bei ihren Käufen von Stimmung, Intuition und persönlichem Geschmack leiten lassen. Nun rissen sie ihre Sammlung auseinander: Leo bekam die Renaissancemöbel und die Renoirs, Gertrude behielt die Picassos – die Cézannes wurden geteilt. Gertrude blieb in der Rue de Fleurus, Leo zog nach Florenz. «Ich gehe nach Florenz wie ein einfaches Gemüt der ‹Alten Schule›», schrieb Leo 1914 an eine Freundin, «ohne einen einzigen Picasso, fast nichts von Matisse, nur 2 Cézanne-Gemälde & einige Aquarelle und 16 Renoirs. Ein ziemlich komisches Gepäck für einen Führer in dem großen modernen Kampf. Aber que voulez vous. Der Kampf ist schon gewonnen & verloren.»[81] Als Entschädigung für ein Bild von Cézanne, ein Stilleben mit Äpfeln, das Leo mitnahm, zeichnete Picasso einen Apfel für Ger-

Pablo Picasso: Apfel, 1914. Das Bild sollte den Verlust der Cézanne-Äpfel an Leo ausgleichen. Die Widmung auf der Rückseite des Bildes lautet: «Erinnerung für Gertrude und Alice, Weihnachten 1914».

trude. Die leeren Wandflächen in der Rue de Fleurus füllten sich langsam wieder.

Gertrude Stein schrieb sich von Leo frei: in dem langen Prosatext *Two: Gertrude Stein and Her Brother (Zwei: Gertrude Stein und ihr Bruder)* analysiert sie ihre Beziehung und schafft zugleich ein «Porträt der Künstlerin als junge Frau». Die Schwester ist in ihrem literarischen Streben konsequent, und *sie war erfolgreich*[82], während der Bruder *einer wurde, der nicht mehr hörte*[83]. Denn Leo hörte nicht mehr zu, die Kommunikation zwischen den Geschwistern funktionierte nicht mehr. Die durchgehende Metapher im Text ist das Paar gleicher oder gegensätzlicher Elemente. Die Zahl 2 steht für die beiden Geschwister, für ihre Einigkeit und ihr Auseinanderdriften, durch das sie wieder zwei selbständige Personen werden. Ferner steht die Zahl 2 für die zwei Freundinnen, für das neue Paar, das das alte ersetzt. Nachdem Leo ausgezogen war, brach die Verbindung zwischen ihm und Gertrude völlig ab. Sie sahen sich nur noch zufälligerweise, und dann sprachen sie nicht miteinander. 1919 versuchte Leo, sich mit ihr zu versöhnen, und schrieb ihr einen Brief, aber Gertrude antwortete nicht.

In der Rue de Fleurus setzte eine neue Routine ein: Gertrude Stein pflegte nach dem Abendessen mit dem Schreiben anzufangen und schrieb bis in den Morgen. Nachmittags machte sie Besuche oder empfing welche. An ihrem Samstagabendsalon hielt sie fest. Schriftsteller und Künstler, Franzosen ebenso wie Amerikaner und andere Expatriierte, begegneten sich und lernten sich bei Gertrude Stein kennen. Inzwischen hatte Alfred Stieglitz in seiner Zeitschrift «Camera Work» 1912 ihre literarischen Porträts von Matisse und Picasso veröffentlicht und damit ihren Namen jenseits des Atlantik eingeführt. Mabel Dodge, die inzwischen wieder in New York wohnte, hatte das Porträt, das Gertrude Stein von ihr geschrieben hatte, vervielfältigen und binden lassen. Es zirkulierte in der literarischen Gesellschaft und machte nicht nur die Porträtistin, sondern auch die Porträtierte bekannt. Daraufhin wurde Mabel Dodges Salon am Washington Square zu einem Treffpunkt sowohl der künstlerischen Boheme als auch der New Yorker Schickeria. Sie gab der «New York Times» ein Interview und wirkte so überzeugend, daß der Journalist Carl Van Vechten ein Freund und ein Mitstreiter in Sachen Gertrude Stein wurde. Sie beriet die Organisatoren der Armory Show über die bedeutenden europäischen Sammler und wurde von der Zeitschrift «Arts and Decoration» um einen Artikel über Gertrude Stein gebeten. Die legendäre Armory Show in New York machte 1913 die europäische Moderne in Amerika bekannt. In dem Sonderheft von «Arts and Decoration» aus Anlaß der Ausstellung wurden Mabel Dodges Essay über Gertrude Stein, «Spekulationen, oder Post-Impressionismus in der Prosa», und Gertrude Steins «Porträt von Mabel Dodge» abgedruckt, das mit dem berühmtgewordenen Satz beginnt: *The days are wonderful and the nights are wonderful and the life is pleasant. (Die Tage sind wunderbar und die Nächte sind wunderbar und das Leben ist schön.)*

Diese Veröffentlichungen brachten Gertrude Stein auch als Schriftstellerin ins Gespräch. Von da an waren ihre literarischen Porträts in Paris hochgeschätzt, und alle Besucher ihres Salons hofften, porträtiert zu werden. *Jeder bekam sein Porträt zu lesen und jeder freute sich darüber, und es war alles sehr amüsant.*[84] Das literarische Porträt war eine in den Pariser Salons des 17. Jahrhunderts weit verbreitete Gattung; es war die Beschreibung einer Person (oder auch ein Selbstporträt) und trug meistens satirische Züge. Mit dem literarischen Porträt brach Gertrude Stein aus dem Zwang des Erzählerischen aus: Auf Handlung, narrative Kontinuität, Charakterentwicklung konnte sie verzichten und sich auf Beschreibung konzentrieren, ohne eine Gesamtstruktur dafür ausarbeiten zu müssen. Der formale Wechsel von der Erzählung zum Porträt fand eine stilistische Entsprechung in der Verwendung des Gerundiums statt eines Substantivs. Mit dem Gerundium entkam Stein der grammatischen Konvention, die zwischen Substantiv, Adjektiv und Verb unterscheidet, und sie verlängerte die vom Verb suggerierte Handlung: Das Gerundium ist Substantiv, Adjektiv und Verb zugleich. «Für Stein, wie für die Kubisten, war ein Porträt eine Gelegenheit. [...] Sie begann mit ihrem Subjekt, manchmal nur mit dem Namen; von da gelangte sie zu einer sprachlichen Form.»[85] In den Porträts behält Gertrude Stein eine noch traditionelle Syntax, verwendet aber Wörter nach lautlichen und assoziativen Kriterien. Sie beschreibt keine Personen, der Porträtierte kommt nie direkt vor, sondern erst durch die Dinge, die ihn umgeben. «Das Porträt hat natürlich nichts Konventionelles, beschreibt nicht spezifische physische oder psychologische Züge; es will vielmehr das Wesentliche durch Details der Einrichtung oder Elemente des Tagesablaufs fassen, die nicht in naturalistischer Manier erzählt, sondern durch Dekomposition und Assoziation wiederhergestellt werden.»[86] Diese Porträts sind «conversation pieces», Gesprächsstücke, sie wirken wie gelegentliche, unterbrochene Gespräche. Stein integriert – lange vor Beckett und Ionesco – absurde Dialoge in die Beschreibung und versetzt sie mit Bruchstücken von Erzählung. Die Diskontinuität der Narration ähnelt der gebrochenen kubistischen Perspektive; dahinter steckt die Auffassung, daß die Einheit der Wahrnehmung eine kulturelle Konvention sei und daß der Künstler die Freiheit habe, neue Konfigurationen zu schaffen. Der Betrachter eines kubistischen Gemäldes und der Leser Gertrude Steins müssen am Werk aktiv teilnehmen und eine Ganzheit herstellen, die es nur suggeriert. In ihrem Essay verglich Mabel Dodge Gertrude Steins literarischen Stil mit Picassos Malerei. Stein macht mit Wörtern, schrieb sie, was Picasso mit Farben macht; sie zwingt der Sprache eine neue Wahrnehmung ab und benutzt sie nicht als Trägerin der Handlung, sondern als künstlerisches

Mittel. Auch Stein selber nährte die Auffassung, kubistische Prosa zu schreiben. Aber während der Kubismus in der Literatur eine Randerscheinung blieb, wurde er in der Kunst zu einer folgenreichen Richtung.

Die Armory Show, bei der Bilder von Matisse, Picasso, Brancusi, Léger, Braque, Duchamp und Kandinsky gezeigt wurden, hatte die Neugierde auf Paris belebt, wo mehr ihrer Bilder zu sehen waren, und es kamen viele amerikanische Kulturpilger – manche auch in die Rue de Fleurus. Der amerikanische Maler Joseph Stella fand, daß Gertrude Stein in ihrer schwarzen Kleidung streng wirke und daß sie von dem Sofa in der Mitte des Raumes, in dem die Bilder hingen, mit der einschüchternden Feierlichkeit einer Sibylle die Neuankömmlinge von oben herab prüfe. Steins Samstagabende entsprachen einer Pariser Tradition, dem literarischen Salon, und waren doch ganz im amerikanischen Lebensstil verankert. Dieser Kultursalon war zwischen Privatheit und Öffentlichkeit angesiedelt: Jeder konnte kommen, wenn er der intellektuellen Elite angehörte und/oder von einem der Stammgäste empfohlen wurde. Ob Stieglitz oder Picasso oder André Gide – alle gingen in der Rue de Fleurus ein und aus. Die Gäste trugen die Kunde von der Kunstsammlung weiter, und mit der Veröffentlichung von *Drei Leben* in den USA 1909 wuchs Gertrude Steins Ruhm. 1911 stellte sie drei Porträts für ein Buch zusammen, von Picasso, von Matisse und ein Selbstporträt: Sich selbst stellte sie neben die zwei bedeutendsten Maler der Zeit. Obwohl der Titel *Matisse Picasso and Gertrude Stein* lautete, verwendete sie meistens einen akronymen Titel, der nur aus den Initialen bestand, *GMP*, und in dem sie sich an die erste Stelle rückte. Ihr Selbstwertgefühl war groß, und sie war von ihrer Bedeutung als Dichterin überzeugt. Mit Alice B. Toklas fuhr sie nach London, um sich nach einem Verleger umzuschauen. In einer Atmosphäre der ästhetischen Umbrüche, in der die neuen Richtungen des Modernismus, Kubismus, Futurismus, Vorticismus, Imagismus kursierten, hoffte sie einen Verleger zu finden. Sie traf John Lane, den Verleger von Beardsley, in dessen Salon sie und Alice regelmäßige Gäste wurden. Sie traf die Bloomsberries und Roger Fry, den Dichter Wyndham Lewis, den Maler Henry Lamb, die Salonlöwinnen Nancy Cunard und Lady Ottoline Morrell.

Viele der Genannten besuchten sie später in Paris. John Lane kam im Winter 1913/14 und bat Gertrude Stein um einen Text für die von Wyndham Lewis herausgegebene Zeitschrift «Blast». Und aus New York bot Donald Evans, ein Freund von Mabel Dodge, an, die Stücke zu veröffentlichen, von denen Mabel erzählt hatte. Tatsächlich hatte Stein 1913 ein erstes Stück geschrieben, *What Happened. A Five Act Play (Was passierte. Ein Stück in fünf Akten)*. Darin spielte sie mit den dramatischen Konventionen, indem sie keine Namen vor die Rollen setzte, keine Bühnenanweisungen gab, keine Handlung konstruierte. Dieses Theaterstück existiert als solches nur durch die Gattungsbezeichnung: Stein verzichtete auf Figuren, deren Texte gekennzeichnet sind und deren Gespräch eine nachvollziehbare Handlung abgibt, und schuf ein sprachliches Umfeld, in dem keine Charaktere, sondern nur Stimmen erkennbar werden: sich abwechseln, sich unterbrechen und wieder verschwinden. «Jedenfalls bietet der Text mit dem Titel *What Happened* gerade keinen Aufschluß darüber, was geschehen ist. [...] dann muß dieses erste Stück Gertrude Steins wie eine programmatische Absage an diese Konvention wirken. Allein schon durch die ungrammatische Struktur des Textes und die daraus resultierende Unsicherheit semantischer Hypothesen wird jeder Versuch, größere Sinneinheiten von der Art einer Handlung zu bilden, bereits im Ansatz vereitelt. [...] Jedenfalls ist diese Sprache nicht mehr in Aktion umsetzbar, sondern nur noch deklamierbar.»[87] Der Nonsequitur-Stil mit den ironischen Juxtapositionen macht dieses Stück zu einem Vorläufer des Theaters des Absurden.

Statt der erbetenen Theaterstücke schickte Gertrude Stein kurze Prosastücke nach New York, die sie zwischen 1910 und 1912 geschrieben hatte, abstrakte Texte, die unter dem Titel *Zarte Knöpfe* 1914 erschienen. Der Band hat drei gleichlange Teile: *Gegenstände* aus 58 separaten Stücken mit je eigenem Titel; *Essen* mit einer Inhaltsangabe und 51 ebenfalls einzeln betitelten Stücken; *Räume*, nur in Absätze unterteilt. Es sind Beschreibungen von Alltagsdingen, von Lebensmitteln und Speisen, von Räumen und Landschaften – sprachliche Stilleben, manchmal einen einzigen Satz kurz, manchmal eine Seite lang. Stilistisch sind diese Prosastücke eine Mischung aus Essay, Beschreibung und freier Assoziation, sie markieren Gertrude Steins thematischen Wechsel von Menschen zu Dingen, von Porträts zu Stilleben – einen Wechsel, der auch in der bildenden Kunst im Übergang zum Nicht-Figurativen stattfand. *In ihrem Bemühen zu beschreiben versuchte sie es mit allen möglichen Experimenten. Sie versuchte es mit dem Erfinden von Worten, gab es aber bald auf. Die englische Sprache*

Umschlag der Erstausgabe
von «Zarte Knöpfe», 1914

Gertrude Stein in der Rue de Fleurus 27, um 1914

war ihr Medium, und mit der englischen Sprache mußte die Aufgabe bewältigt und das Problem gelöst werden.[88] Ihr spröder, gewollt einfacher Stil und die ausgesuchte Banalität der Thematik wurden von manchen Kritikern geradezu verspottet, und die Zeitschrift «Life» richtete eine Spalte ein, in der Kenneth Roberts Stein-Parodien veröffentlichte. Gertrude Stein ärgerte sich darüber, daß ihr Stil lächerlich gemacht wurde, verstand aber auch den Wert solcher Öffentlichkeit. *Gertrude Stein schrieb eines Tages plötzlich an Masson, den damaligen Herausgeber des Life und sagte ihm, daß die echte Gertrude Stein [...] in jeder Beziehung lustiger sei als ihre Nachahmer, um nicht zu sagen interessanter, und weshalb sie nicht auch das Original bringen wollten. Zu ihrer Überraschung erhielt sie einen sehr netten Brief von Mr. Masson, worin er schrieb, daß er es sehr gern tun wolle. Und sie taten es auch. Sie veröffentlichten zwei Arbeiten, die sie ihnen geschickt hatte.*[89] Der Kubismus faszinierte Gertrude Stein nicht nur, sondern beeinflußte auch ihren dichterischen Stil. Wie die Kubisten, die das inhaltliche und perspektivische Zentrum eines Gemäldes abschafften und alle Teile des Bildes als gleichbedeutend ansahen, gestaltete Stein ihre Texte sprachlich und inhaltlich mit maximaler Gleichmäßigkeit – sie schaffte kubistische Wortgebilde, die in ihrer Vielschichtigkeit den kubistischen Farbgebilden entsprachen.

Der abstrakte Stil der *Zarten Knöpfe* festigte Gertrude Steins Ruf als experimentelle Dichterin, und sie wurde als bedeutendes Mitglied der modernistischen Bewegung hofiert. Der beginnende Ruhm vergrößerte ihre Eitelkeit. So brach sie ihre Beziehung zu Mabel Dodge ab, da sie meinte, diese hätte zu sehr die Aufmerksamkeit auf sich selbst gelenkt. An ihren Samstagabenden wurde Gertrude Stein dominierender und apodiktischer. Aber auch sonst wurde die Atmosphäre in der Rue de Fleurus ernster. Picasso war mit seiner neuen Geliebten Eva in die Vorstadt gezogen und erschien jetzt seltener. Auch Apollinaire und Marie Laurencin kamen seltener, und Fernande kam gar nicht mehr. Hélène, die langjährige Haushälterin, die von Anfang an dabeigewesen war und die schon das erste Samstagabendessen gekocht hatte, verließ die Rue de Fleurus, um zu ihrer Familie aufs Land zu ziehen. Die Suche nach einer neuen Haushälterin beschäftigte Alice B. Toklas und Gertrude Stein längere Zeit. Es mußte eine Nachfolgerin gefunden werden, die die Marotten der Stammgäste ebenso verstand und respektierte wie die Routinen des Alltags und die darüber hinaus eine gute Köchin war, denn das Essen spielte seit ihrer Kindheit eine wichtige Rolle im Leben Gertrude Steins. Auch darin hatte sie in Alice eine würdige Partnerin gefunden: War Gertrude eine «gourmande», war Alice nicht nur ein «gourmet», sondern auch eine ausgezeichnete Köchin, deren Kochkünste allerdings nur bei besonderen Anlässen eingesetzt wurden, so zum Beispiel bei einem Abendessen für Juan Gris, den spanischen Maler, dem Sagot schon 1912 eine Ausstellung gewidmet hatte und der jetzt von dem Händler Kahnweiler vertreten wurde. *Knapp zwei Monate vor Kriegsausbruch sah Ger-*

Juan Gris, fotografiert
von Man Ray, 1922

Pablo Picasso: Der Tisch des Architekten, 1912. Unten rechts steht «Miss Gertrude Stein».

trude Stein die ersten Bilder von Juan Gris bei Kahnweiler und kaufte zwei.[90] Gertrude Stein besuchte auch nach der Trennung von Leo weiterhin Galerien und kaufte Bilder: War sie früher mit Leo mitgegangen, so ging nun Alice mit ihr. Allerdings hatte Alice einen eigenen Geschmack, und wie in ihrem Alltag auch, tat Gertrude nichts, womit Alice nicht einverstanden war.

Zu Alice' Charakterzügen gehörte auch Beharrlichkeit. Ihre Beharrlichkeit, einen Verleger für Gertrude Steins Werk zu finden, schien im

Sommer 1914 Erfolg zu haben, denn John Lane war bereit, einen Vertrag über die Veröffentlichung von *Drei Leben* zu schließen. Im Juli reisten die beiden Frauen nach London, und nachdem der Vertrag unterschrieben war, fuhren sie zu Freunden nach Cambridge, wo sie dem Philosophen Alfred North Whitehead begegneten. Dieser lud sie ein, das Wochenende auf seinem Landsitz in Lockeridge, Wiltshire, zu verbringen, wo auch Bertrand Russell und der Schriftsteller Lytton Strachey zu Gast waren. Das Gespräch kreiste fast ausschließlich um die politische Lage in Europa, und während des Wochenendes in Wiltshire kam die Nachricht von der deutschen Invasion Belgiens. Als am 4. August England Deutschland den Krieg erklärte, herrschte im Hause der Whiteheads die größte Aufregung. Gertrude Stein und Alice B. Toklas fuhren nach London, um sich um ihre Reiseunterlagen für die Rückkehr nach Paris zu kümmern und um ihre finanziellen Angelegenheiten zu regeln. England verlassen konnten sie erst im Oktober. Paris war nicht wiederzuerkennen: dunkel, leer und still und ohne Männer. Braque und Apollinaire waren an der Front, Kahnweiler war in die Schweiz geflohen. Auch den in Paris Zurückgebliebenen ging es nicht gut: Picassos Freundin Eva lag im Sterben; Juan Gris war schwerkrank und völlig mittellos.[91] Der Winter war hart in der Rue de Fleurus, die Versorgung schwierig. *Der Winter in Paris war bitter kalt und es gab keine Kohle. Wir hatten schließlich überhaupt keine mehr. Wir schlossen das große Atelier und lebten nur noch in einem kleinen Zimmer, aber zu guter Letzt hatten wir gar nichts mehr.*[92] Als der Frühling kam, beschlossen Gertrude Stein und Alice B. Toklas, zu Freunden nach Palma de Mallorca zu reisen. Bevor sie Paris verließen, packten sie Gertrude Steins Manuskripte ein und schickten mehrere Pakete davon an Freunde nach New York.

In Palma führten sie ein angenehmes Leben: Das Wetter war schön, sie hatten eine französische Köchin und legten sich ihren ersten Hund, Polybe, zu. Sie gingen viel spazieren und besuchten Stierkämpfe. Aber die Meldungen aus Frankreich waren bedrückend, und im Sommer 1916 kehrten sie nach Paris zurück, wo Michael Stein und seine Familie durchgehalten hatten. Leo war in Amerika. In Paris fanden Gertrude und Alice Nachrichten über die alten Freunde vor: Etta Cone war in Amerika, ihre Schwester Claribel in München geblieben; Eva Sonel, Picassos Geliebte, war an Tuberkulose gestorben; Braque lag noch mit einer schweren Kriegsverletzung im Krankenhaus, ebenso Apollinaire nach einem Kopfschuß. Sein gerade erschienenes Gedicht «Le Poète assassiné» sollte sich als prophetisch erweisen, denn er starb 1918. Sie lernten Picassos neue Geliebte Olga Koklowa und seine neuen Freunde Erik Satie und Jean Cocteau kennen. Und sie beschlossen, Position zu beziehen und sich dem Kriegshilfswerk zur Verfügung zu stellen. «Wir beschlossen, uns sofort im Kriegshilfswerk zu engagieren. Als wir die Rue des Pyramides heruntergingen, sah ich mit einem Mal, wie ein Ford, der von einer jun-

Henri Matisse:
Porträt Michael Stein. Öl auf
Leinwand, 1916

Henri Matisse:
Porträt Sarah Stein. Öl auf
Leinwand, 1916

gen Amerikanerin in Uniform gefahren wurde, auf der anderen Straßenseite uns gegenüber hielt. Ich sagte zu Gertrude: ‹Warte mal. Ich sehe nach, was es damit auf sich hat.›»[93] Es war der «American Fund for French Wounded», eine amerikanische Hilfsorganisation, die Medikamente und anderes medizinisches Material an Lazarette lieferte. Gertrude Stein schrieb an ihren Cousin Fred Stein nach Amerika, daß er ihr ein Auto schicken solle, und nahm Fahrstunden. William Cook, den sie aus Palma kannten und der jetzt in Paris Taxi fuhr, wurde Steins Fahrlehrer. «Anfang 1917 kam endlich der Ford von Fred Stein. Gertrude hatte von William Cook in dem Renault-Taxi, das er fuhr, Fahrstunden genommen und an jenen heißen Sommernachmittagen geübt. Jetzt fuhr sie den Ford.»[94] Mit dem Ford bereisten die beiden Frauen Frankreich und lieferten Medikamente aus: Sie fuhren in den Süden, dann wurden sie im Elsaß eingesetzt, weil sie beide Deutsch sprachen. Durch ihr Engagement für das Hilfswerk rückte Gertrude Stein in die Gesellschaft des amerikanischen Dichters Walt Whitman (1819–1892), mit dem sie mehr verband, als oberflächlich erkennbar ist: Beide waren literarische Erneuerer, über deren Werk lange Zeit gespottet wurde; beide fanden die erste Unterstützung in England; beide thematisierten den Sexus, beide hatten zweideutige sexuelle Identitäten, bestanden aber auf ihrer Normalität; beider Karrieren waren durch den Krieg unterbrochen worden, der ihre Energien auf soziales Engagement lenkte; beide meldeten

Gertrude Stein am Steuer ihres ersten Ford-Autos im Einsatz während des Ersten Weltkriegs, 1917

sich als Freiwillige, um verwundeten Soldaten zu helfen, und genossen die Anpassung an das einfache Leben. Vor dem Krieg war Gertrude Stein eine ästhetische Pionierin, die von jungen Künstlern umgeben war; nach dem Krieg war sie eine Berühmtheit im mittleren Alter, die von aufstrebenden Dichtern hofiert wurde.

Der Erste Weltkrieg hatte die Stimmung etwas gedämpft, aber Paris erholte sich schnell und wurde wieder eine lebendige Metropole und ein Zentrum der Künste. Zaristische Russen, die nach der Oktoberrevolution das Exil vorzogen, und Amerikaner, die der Krieg nach Europa verschlagen hatte, ließen sich in Paris nieder. Die «Ballets russes» unter der Leitung von Sergej Diaghilew etablierten sich in Paris, und in der Rue de Fleurus nahm Gertrude Stein ihre Samstagabende wieder auf. Zuerst hatte sie gesundheitliche Probleme, die sogar einen Krankenhausaufenthalt und *eine kleine Operation*[95] nötig machten. Sie soll einen Monat im Krankenhaus verbracht haben, und medizintechnische Begriffe wie «Röntgen» und «Radium» fanden Einzug in ihre Prosa aus dieser Zeit, ebenso wie Anspielungen auf Nonnen, was die Annahme zuläßt, daß sie in einem katholischen Krankenhaus lag. Es war wahrscheinlich das erste Mal, daß Gertrude Stein mit dem Katholizismus direkt konfrontiert wurde, und aus dieser Zeit stammt ihr Interesse für Kirchenheilige, die nun in ihren Stücken und in ihrer Prosa erscheinen: *The origin of mentioning saints singing were nuns praying*[96] (*Der Erwähnung von singenden Heiligen liegen betende Nonnen zugrunde*). Überhaupt spiegelt ihr Werk immer wieder ihren Alltag – nicht im Sinne einer realistischen Wiedergabe des Geschehens in Paris oder in der Rue de Fleurus, sondern durch Anspielungen und Assoziationen. Als Henry James' Korrespondenz 1920 veröffentlicht wurde, finden sich Anspielungen darauf in *A Circular Play* (*Ein kreisendes Stück*), und als im selben Jahr William Howells starb, wird er in *Scenery*[97] erwähnt. Auch das Politische tritt in Gertrude Steins Werk ein: *Wer kann die Zeitungen ignorieren?*[98], heißt es in *The Psychology of Nations* (*Die Psychologie der Nationen*). Der Name des amerikanischen Präsidenten Woodrow Wilson, zum Beispiel, kommt immer wieder vor, vor allem sein Vorname, der mit «wood», «Holz», assoziiert wird – Holz war damals in der Rue de Fleurus ein wichtiger und seltener Brennstoff.

Der Krieg hatte auch die finanziellen Ressourcen von Gertrude Stein und Alice B. Toklas schwinden lassen, und sie mußten einige ihrer Bilder verkaufen. Als sie wieder auf festeren Füßen standen, kehrten auch die guten Speisen und Getränke in die Rue de Fleurus zurück. An den Samstagabenden fällte Gertrude Stein Urteile über Kunst und Literatur und überließ es Alice, sich um das Wohlbefinden der Gäste zu kümmern. Während man Gertrude Stein mit dem Vornamen anredete, wagte niemand, ihre Freundin anders als mit Miss Toklas anzusprechen. «Sie [Gertrude Stein] redete die ganze Zeit [...]. Ihre Freundin [...] war klein, sehr dunkel, trug die Haare so geschnitten wie die Jungfrau von Orléans auf den Illustrationen von Boutet de Monvel [...]. Sie arbeitete an einem Stück petit point [...] sorgte für Essen und Trinken [...]. Sie führte ein Gespräch und hörte zweien zu [...].»[99] Viele der Besucher kamen immer noch wegen der Cézannes und der Picassos, aber manche kamen jetzt auch, weil sie Gertrude Steins wenige veröffentlichte Werke kannten und die Dichterin kennenlernen wollten. Als Treffpunkt der amerikanischen Intelligenz in Paris bekam Steins literarischer Salon in der Rue de Fleurus jedoch Konkurrenz durch die Buchhandlung und Leihbücherei «Shakespeare and Company» der Amerikanerin Sylvia Beach.

Sylvia Beach war 1917 nach Paris gekommen, nachdem sie in New York vergeblich versucht hatte, in der Verlagsbranche Arbeit zu finden. Da sie schon als Vierzehnjährige mit ihrer Familie in Paris gelebt hatte, als ihr Vater, ein presbyterianischer Pastor, den amerikanischen Studentenclub betreute, kannte sie die Stadt und sprach recht gut Französisch. Sie interessierte sich für französische Literatur und war nicht nur eine eifrige Leserin von Neuerscheinungen, sondern auch eine fleißige Besucherin

Alice B. Toklas, links, und Gertrude Stein, rechts, in der Rue de Fleurus 27.
Foto von Man Ray, 1922

der Pariser Bibliotheken. In der Bibliothèque Nationale, wo sie in literarischen Zeitschriften blätterte, fand sie einen Hinweis auf eine Buchhandlung in der Rue de l'Odéon 7. Sie ging hin und freundete sich sofort mit der Buchhändlerin Adrienne Monnier an, denn das Interesse der Amerikanerin Sylvia Beach galt der französischen Literatur, dasjenige der Französin Adrienne Monnier der amerikanischen Literatur. Monniers «kleiner grauer Buchladen»[100], in dem man die Bücher nicht nur kaufen, sondern auch leihen konnte, führte alle greifbaren französischen Übersetzungen amerikanischer Schriftsteller, und sie gab eine Zeitschrift heraus, «Le Navire d'Argent», in der sie zeitgenössische amerikanische Autoren auf französisch veröffentlichte. Zuerst dachte Sylvia Beach daran, nach Monniers Beispiel eine auf französische Literatur spezialisierte Buchhandlung in New York aufzumachen, mußte aber das Projekt aus finanziellen Gründen aufgeben, und «im Handumdrehen»[101], wie sie sich später erinnerte, wurde aus der französischen Buchhandlung in New York eine amerikanische Buchhandlung in Paris. Am 19. November 1919 öffnete in der Rue Dupuytren 8, gleich um die Ecke von der Rue de

James Joyce und Sylvia Beach im Eingang der Buchhandlung
«Shakespeare and Company», 1920

l'Odéon, die Buchhandlung und Leihbibliothek «Shakespeare and Company» ihre Pforten. Die Einrichtung des Ladens bestand aus antiken Möbeln, die meistens auf dem Flohmarkt gekauft worden waren; die Bücher für die Leihbücherei stammten aus den Pariser Antiquariaten, die Neuerscheinungen wurden aus New York bestellt. Das erste Mitglied der Leihbücherei war eine Medizinstudentin, die in der Nähe wohnte und durch Zufall vorbeigekommen war; aber bald brachte Adrienne Monnier ihre Kunden in den neuen Laden. André Gide, André Maurois,

Léon-Paul Fargue, Eric Satie, Jules Romains, Georges Duhamel, Francis Poulenc und Valéry Larbaud wurden ebenso Kunden von «Shakespeare and Company» wie die Exilamerikaner in Paris, die hier ein vertrautes Milieu und Kulturnachrichten aus New York suchten und fanden. Vielleicht war der erste unter den amerikanischen Expatriierten in Paris, der Mitglied von «Shakespeare and Company» wurde, der Schriftsteller Robert McAlmond. Er hatte mit William Carlos Williams in New York eine Zeitschrift herausgegeben, schon einen Roman über das künstlerische Milieu von Greenwich Village und Gedichte veröffentlicht; er war charmant und schlagfertig und durch seine Heirat mit der Schriftstellerin Bryher reich. McAlmond brachte seine Freunde zu «Shakespeare and Company» mit, und bald wurde der Laden zu einem Treffpunkt der englischsprachigen Kolonie in Paris. Ernest Hemingway, Sherwood Anderson, Ezra Pound, Djuna Barnes, Kay Boyle, F. Scott Fitzgerald, Morley Callaghan, James Joyce kamen zu «Shakespeare and Company», um Bücher zu kaufen oder – öfter – zu leihen.

Ezra Pound half manchmal im Laden, und da er Hobbytischler war, reparierte er immer wieder die Regale – über Literatur sprach er nie, eher schon über Musik, denn mit George Antheil, einem anderen Stammgast Sylvia Beachs, wollte er die Musik revolutionieren. Pound überredete Natalie Barney, die in ihrem schönen Stadthaus in der Rue Jacob einen mondänen Salon unterhielt, Musik von Antheil aufzuführen. Barney, die 1903 nach Paris gezogen war, nachdem sie ein großes Vermögen geerbt hatte, war eine Art exilamerikanische Madame Verdurin, und tatsächlich konnte man bei ihr Personen treffen, von denen es hieß, sie hätten Mar-

Ezra Pound, um 1923

T. S. Eliot, um 1930

cel Proust als Vorbild für Figuren in seiner «Suche nach der verlorenen Zeit» gedient. Barney lud die Pariser Aristokratie zu ihren Freitagabenden ein und stellte ihr die amerikanische Bohème vor. Sie hatte einen exhibitionistischen Zug, Mata Hari war bei ihr aufgetreten, so daß sie auch vor Antheils Musik nicht zurückschreckte. Nach dem Hauskonzert bei Nathalie Barney fand ein Konzert mit von Antheil vertonten Pound-Gedichten in der Salle Pleyel statt. Das Publikum war eine Mischung aus der Pariser Elite, die von der Programmüberschrift «Musique Américaine: Déclaration d'indépendence» angezogen worden war, und amerikanischer Intelligenz: den Pounds, den Fitzgeralds, den Andersons, den Hemingways, Djuna Barnes, außerdem James Joyce. Gertrude Stein und Alice B. Toklas nahmen an diesem mondänen Leben der Expatriierten nur mittelbar teil: Zwar wurden alle in der Rue de Fleurus empfangen, und vielen half Stein mit Rat und manchmal auch mit Tat. Sie und Alice kannten zwar Nathalie Barney, aber deren übertriebenes Gehabe paßte nicht zu ihrer eigenen nüchternen Strenge, und sie besuchten sie kaum. Beide waren Kunden von «Shakespeare and Company» und subskribierten «Ulysses», als Sylvia Beach den Roman von James Joyce auf eigene Kosten drucken ließ. Zwar mochte Stein Joyce nicht, und ihre freundschaftliche, aber kühle Beziehung zu Sylvia Beach hatte damit zu tun, daß diese sein Werk offenkundig mehr schätzte als ihres. Trotzdem kam Beach oft in die Rue de Fleurus und empfahl ihre Kunden oder brachte sie mit. Beach machte Stein auch mit T. S. Eliot bekannt, aber die beiden hatten sich nicht viel zu sagen. «Können Sie mir sagen, Miss Stein, woher Sie das Recht nehmen, den gespaltenen Infini-

Sherwood Anderson, 1925

Ernest Hemingway, 1924

tiv so oft zu gebrauchen?», fragte Eliot sie, und sie antwortete knapp: «Henry James.»[102]

Sylvia Beachs Empfehlungen waren eine sichere Eintrittskarte in die Rue de Fleurus. Durch sie kam auch Sherwood Anderson zu Gertrude Stein: Er hatte sich der Beach vorgestellt, nachdem er im Schaufenster ihres Ladens sein Buch «Winesburg, Ohio», in den USA ein Bestseller, gesehen hatte. Er erzählte, daß *Drei Leben* einen großen Einfluß auf ihn ausgeübt habe, und fragte, ob sie ihn in die Rue de Fleurus empfehlen könne. Seine Begeisterung für Steins Werk machte ihn sofort zu einem Freund des Hauses. *Sherwood Anderson kam nun und sagte ihr was ihm ihr Werk für seine eigene Entwicklung bedeutet hatte. Er sagte es ihr dort in der Rue de Fleurus und, was noch seltener war, er sagte es auch sofort danach schwarz auf weiß und veröffentlichte es.*[103] Anderson schrieb das Vorwort zu einem Band von Gertrude Stein, der im Dezember 1922 veröffentlicht wurde: Unter dem Titel *Geography and Plays* wurden Prosa, Porträts und Stücke zusammengestellt, einige wie *Die Italiener* und *Ada* schon von 1908, andere wie *Die Psychologie der Nationen* von 1920; der jüngste Text stammte aus dem Jahre 1921 und hieß *Reread Another (Einander Wiederlesen)*. Gertrude Steins neueste Versuche waren nicht in diesem Band vertreten. Während des Sommers und Herbstes 1922, die sie und Alice im südfranzösischen St. Rémy verbracht hatten, wandte Gertrude Stein sich der Landschaftsbeschreibung zu und produzierte eine Art Schäferdichtung: Bienen, Schafe, Bäume, Wasserfälle kommen in diesen Gedichten vor, und auch in dem Porträt *Cézanne* von 1923 ist diese pastorale Tendenz bemerkbar. Ebenfalls aus dieser Zeit stammen einige Werke, in denen Vierergruppen im Mittelpunkt stehen, wie zum Beispiel *A Village Are You Ready Yet Not Yet (Ein Dorf Bist Du Schon Fertig Noch Nicht)*, ein Prosastück über die vier wichtigsten Städte der Provence, Arles, Aix, Avignon, Les Baux, keine Beschreibung im herkömmlichen Sinn, sondern eine Zusammensetzung von Wörtern, die die charakteristischen Merkmale dieser Landschaft evozieren. Das Werk von Gertrude Stein, hatte Sherwood Anderson in seinem Vorwort geschrieben, bestehe «in einem Wiederaufbau, einer völlig neuen Umgestaltung des Lebens, in der Stadt aus Wörtern»[104].

Sherwood Anderson empfahl manche seiner Freunde an Gertrude Stein weiter. So kam im März 1922 Ernest Hemingway in die Rue de Fleurus. Er arbeitete in Paris als Sportreporter für die kanadische Zeitung «Toronto Star», konnte gut Französisch und hatte in der Welt der Stadien und Arenen auch Argot gelernt. Er führte das typische Leben der Pariser Boheme, hatte wenig Geld, hielt sich für einen Dichter, träumte von Ruhm und Reichtum und trieb sich in Kneipen herum. Aber in seiner ärmlichen Wohnung schrieb er Kurzgeschichten und arbeitete an einem Roman. Und immer wieder nahm er seine Manuskripte mit in die Rue de Fleurus. Steins Meinung und ihren Ratschlägen vertraute er und schrieb seine Texte immer wieder um. Als seine Frau Hadley das fertige Manuskript seines ersten Romans in einem Koffer im Zug vergaß, wurde Hemingway in der Rue de Fleurus ermuntert, den Roman neu und besser zu schreiben, und bestärkt wurde er auch darin, den Journalismus aufzugeben und Schriftsteller zu werden. Mehr als Joyce und Pound, die auch sein Talent erkannten, fand Hemingway bei Gertrude Stein Förderung und Unterstützung, und sie wurde die Patin seines ersten Sohnes. Stein war sich ihrer Rolle als ‹Meisterin› sehr bewußt, und in ihrem Prosastück *Objects Lie On A Table*[105] *(Sachen liegen auf dem Tisch)* erkennt man in der Figur eines Lehrlings, der das Handwerk des Schreibens lernt, Hemingway. Seine schmucklosen Sätze und sein repetitives Erzählen zeugen von ihrem stilistischen Einfluß. In Hemingway fand Stein nicht nur einen Lehrling, sondern auch einen Partner, der die ästhetischen Strömungen der Zeit verfolgte und ebenso meinungsstark war wie sie. Hemingway las auch die Literaturzeitschriften, die Adrienne Monnier vertrieb, und die zeitgenössische französische Literatur; er lieh nicht nur, sondern kaufte auch bei «Shakespeare and Company» englischsprachige Neuerscheinungen, wofür ihn Sylvia Beach besonders gerne mochte.

Damals benutzten die Expatriierten Sylvia Beachs Buchladen auch als Pariser Adresse und kamen oft einmal am Tag vorbei, um nach Post zu sehen. Auch für seinen Verlag gab McAlmond die Adresse Rue de l'Odéon 12 an, wohin die Buchhandlung inzwischen umgezogen war. 1923 gründete er die «Contact Editions»: «In Abständen von zwei Wochen bis sechs Monaten oder sechs Jahren», erklärte er sein Verlagsprojekt, «werden wir Bücher von verschiedenen Schriftstellern herausbringen, die von anderen Verlegern aus kommerziellen oder juristischen Gründen wahrscheinlich nicht veröffentlicht werden würden. [...] Von jedem Buch werden nur dreihundert Exemplare gedruckt. Diese Bücher kommen nur deshalb heraus, weil sie geschrieben wurden und wir sie gern genug haben, um sie zu veröffentlichen.»[106] Unter dem Titel «A Hasty Bunch», «Eine eilige Clique» (der Titel wurde schnell zur Bezeichnung für die Expatriierten), veröffentlichte McAlmond seine eigenen Erzählungen, dann auch einen Band von HD (Hilda Doolittle) und einen von William Carlos Williams. Ein Verkaufserfolg der «Contact Editions» wurde ein schmales blaues Bändchen mit dem Titel «Three Stories and Ten Poems» – Hemingways erstes Buch. Aber auch der monumentale Roman von Gertrude Stein, *The Making of Americans*, erschien 1925 als Ausgabe der «Contact Editions».

Dieser Text, den sie gegen 1908 fertiggestellt hatte, war tausend Seiten lang, und Hemingway hatte die Veröffentlichung in Fortsetzungen in der «transatlantic review» durchgesetzt. Aber die Zeitschrift ging ein, bevor alles gedruckt werden konnte. Hemingway, der für die «transatlantic review» Korrektur gelesen hatte, kannte den Text genau; intuitiv er-

Titelseite der Erstausgabe von «The Making of Americans», Contact Editions, Paris 1925

kannte er seine Bedeutung und verzweifelte dennoch daran. «Dieses Buch begann zu prachtvoll», schrieb Hemingway, «ging eine Zeitlang sehr gut weiter mit langen Strecken großer Brillanz, und dann ging es endlos in Wiederholungen weiter, die ein verantwortungsvoller und weniger fauler Schriftsteller in den Papierkorb geworfen hätte.»[107] Hemingway sprach von einem «Buch» und vermied es, die literarische Gattung zu nennen. Auch dem Titel ist keine Gattungsbezeichnung beigegeben, aber im Untertitel wird die Geschichte einer Familie angekündigt, so daß man einen Familienroman erwarten darf. Der genaue Titel des Werkes lautet: *The Making of Americans Being the History of a Family's Progress*. Auffällig an diesem Titel ist die zweifache Benutzung des «gerund», der «-ing«-Form also: «Making», eine Form des Verbums «to make» («machen»), weist darauf hin, daß etwas verfertigt wird. Aber «to make» hat im Amerikanischen auch eine sexuelle Konnotation, so daß der Titel mit deutlicher Ironie eine biologistisch-technische Machart von Amerikanern suggeriert. Schließlich bedeutet «to make» auch noch «es schaffen», «etwas werden» – man «macht» etwas aus sich und auf amerikanisch «macht» man Geld, «one makes money», so daß der Titel mit verbrämter Ironie auch auf die Erfolgsprinzipien der amerikanischen Gesellschaft verweist.

Syntaktisch läßt der Ausdruck «the making of Americans» sowohl die Bedeutung «die Machenschaften von Amerikanern» als auch «die Machart von Amerikanern» zu. Dieser doppelsinnige Titel impliziert, daß hier gezeigt werden soll, was Amerikaner so alles tun, und daß Amerikaner ihrerseits «gemacht» werden, daß es sie nicht «gibt», wie Franzosen oder Deutsche. Die Erzählerin will die amerikanische Lebensweise ebenso vorführen wie, aus welchen geschichtlichen, sozialen und psychischen Umständen Amerikaner kommen. *Es ist mir immer als ein seltenes Privileg erschienen, dies, ein Amerikaner zu sein,* heißt es ganz am Anfang, *ein echter Amerikaner, einer dessen Tradition in kaum sechzig Jahren erschaffen werden konnte. Wir müssen nur unsere Eltern erkennen, uns an unsere Großeltern erinnern und uns selbst kennen und unsere Geschichte ist vollständig.*[108] Die Bezeichnung «Americans» im Titel verweist auf die Allgemeingültigkeit, die für die Figuren beansprucht wird, denn um keine bestimmte Persönlichkeit soll es gehen, sondern um Amerikaner ganz allgemein. *Die alten Menschen in einer neuen Welt,* heißt es auf der ersten Seite, *die neuen Menschen die aus den alten gemacht sind, das ist die Geschichte die ich erzählen möchte, denn das ist was wirklich ist.*[109] Diese Allgemeingültigkeit wird im Untertitel noch einmal aufgenommen, indem von «einer» Familie – mit dem unbestimmten Artikel – die Rede ist. Diese Familie steht stellvertretend für jede amerikanische Familie; ihre Geschichte und ihre Entwicklung symbolisieren den Werdegang Amerikas.

Merk dir das mein Leser, wird dieser gewarnt, *daß das was ich jeden Tag ein wenig hier auf meinen Zetteln für dich niederschreibe nicht einfach ein normaler Roman mit einer Handlung und Gesprächen ist die dich unterhalten sollen, sondern ein Bericht vom Werdegang einer anständigen Familie der ehrbar gelebt wird von uns und unseren Vätern und unseren Müttern, und unseren Großvätern, und Großmüttern, und das soll von mir sorgfältig jeden Tag ein wenig hier niedergeschrieben werden.*[110] Entsprechend wird im Untertitel nicht eine «story of a family», sondern die «history of a family» angekündigt: Familie und Nation, individueller Lebenslauf und nationale Historie werden somit verknüpft, und gemäß der amerikanischen Tradition wird die Familiengeschichte als Geschichte der Nation gestaltet. Auch kündigt der Untertitel nicht einfach die Geschichte einer Familie an, sondern die Geschichte vom Werdegang einer Familie, «the history of a family's progress», und auch das entspricht dem amerikanischen Credo von Entwicklung, von permanenter Veränderung, von Fortschritt eben. So wird dieser Werdegang der Familie Hersland im «continuous present» erzählt, einem Tempus, das den Fortgang der Handlung zugleich ausdrückt und aufhebt. Und darin liegt ein grundsätzliches Paradox, das den ganzen Text durchzieht: Entwicklung und Fortschritt einerseits, andererseits Stillstand und Wiederholung. Der Roman erzählt den Werdegang einer Familie, aber da durch Wiederholungen die Handlung sehr langsam vorangeht, entsteht nicht der Eindruck von Entwicklung, sondern von Stillstand. Denn endlose Wiederholungen sind, wie Hemingway richtig bemerkt hatte, ein Stilistikum dieses Textes. *Es gibt also immer Wiederholung,* erklärt die Erzählerin, *immer wiederholt sich alles, das ist eine Geschichte von jeder Art von Wiederholung die es im Leben gibt, das ist also eine Geschichte von jeder Art von Leben.*[111] Der Roman kennt keine Dialoge, keine dramatische Entwicklung der Handlung, keine psychologische Entwicklung der Figuren – der ganze Text erscheint wie ein einziger langer innerer Monolog, der die traditionelle realistische Erzählform zerstört.

Der Wortschatz ist nahezu auf Basic English reduziert und die Syntax in höchstem Maße parataktisch. Durch koordinierende Konjunktionen oder einfach durch Kommata sind die Sätze zu langen Ketten verknüpft, denen durch Wiederholungen und Variationen lautliche Reize und semantische Möglichkeiten abgewonnen werden. Der Satz wird zum Absatz, und auch die Absätze wiederholen sich mit nur geringen Variationen. So bekommt die Sprache eine rhythmische Intensität, die durch die Verwendung des Gerundiums noch gesteigert wird: Stein verlagert die Information auf Partizipialformen und benutzt das Gerundium als Verb, Adjektiv und Substantiv. Die Information, die den Text trägt, ist durch die Wiederholungen dünn portioniert, und die Sprache alleine treibt den Text weiter – für den Übersetzer alles andere als einfach, und man kann sich vorstellen, warum es siebzig Jahre gedauert hat, bis jemand sich an die Übersetzung ins Deutsche gewagt hat. Diese Sätze, die sich spiralförmig immer weiterdrehen, stellen eine Art sprachlichen Stillstand her. Der so komponierte Roman hat keinen Höhepunkt mehr, auch keine zentrale Erzählperspektive.

Es sind Ausdrücke der Erzählfolge wie «Es gibt also...», «Wie ich schon einmal sagte», «Meist also...», «Es wird also...», «Es ist nun...», «Und so...», «Immer war...», «Ich sage noch einmal...», «Dies war...», «Nun also...», «Und so ist das», «Und dann... und dann... und dann...», die den Text strukturieren. Fünf Kapitel erzählen jeweils die Lebensläufe der Familie Hersland und sind jeweils nach einem Familienmitglied betitelt; das erste Kapitel, ohne Titel, führt das Thema der Familie und der Tradition ein, und das letzte Kapitel, *History of a Family's Progress*, besteht aus Reflexionen über Familienzusammenhänge und kehrt thematisch zum Anfang des Romans zurück. Die Herslands stehen programmatisch für jede amerikanische Familie, und ihre konstruierte Durchschnittlichkeit bringt es mit sich, daß ihre Lebensläufe allgemein, also banal sind: *Die Herslands waren eine Familie aus dem Westen,* heißt es. *David Hersland war als junger Mann weit ins neue Land hineingezogen um sich sein Geld zu verdienen. Er hatte dort beim Geldverdienen großen Erfolg gehabt. Er hatte sich in Gossols niedergelassen. [...] Mr. Hersland hatte seine Frau mit nach Gossols gebracht. Er hatte sie in*

Bridgepoint geheiratet als sein Erfolg gerade begann. Seine Kinder waren ihm alle in Gossols geboren worden. Sie gehörten ganz zum Westen, alle von ihnen, durch und durch. Sie waren drei, Martha, Alfred, David.[112] Diese knappe Zusammenfassung des Lebenslaufs von David Hersland weist schon typische Merkmale eines x-beliebigen amerikanischen Lebenslaufs auf, nämlich die Mobilität innerhalb des Landes auf der Suche nach wirtschaftlichem Erfolg, die Gründung einer Familie in der neuen, fremden Umgebung, das langsame Emporkommen in der Gemeinde. Aber David Hersland ist auch ein allmächtiger Patriarch, der zwar für das materielle Wohlergehen der Familie sorgt, ihre emotionalen Bedürfnisse jedoch ignoriert. Die Mutter ist willensschwach, hat weder zu ihrem Mann noch zu ihren Kindern eine wirkliche Beziehung und flüchtet sich in Frauenfreundschaften. Steht der Vater für das «Machen», so steht die Mutter für das «Fühlen», und die Kinder sind Kombinationen dieser gegensätzlichen Temperamente. Martha, die Tochter, klug, passiv und zurückhaltend, heiratet, führt eine unglückliche Ehe und kehrt schließlich ins Elternhaus zurück; Sohn Alfred, energisch und geschäftstüchtig, heiratet Julia Dehning, führt eine glückliche Ehe und ein erfolgreiches Berufsleben und heiratet nach Julias Tod noch mal; David Hersland, der Jüngste, von dem es heißt, *niemand konnte ihn je verstehen Tag für Tag in sich zu entscheiden was das Leben für ihn bedeutete damit es für ihn lebenswert war*[113], David führt ein Boheme-Dasein und stirbt früh. Die Herslands und die emotionale Konstellation innerhalb ihrer Familie zeigen manche Ähnlichkeiten mit der Familie Stein, und in den Notizbüchern zu *The Making of Americans* finden sich Anmerkungen zu gewissen Charaktereigenschaften, die Gertrude Stein aus ihrer Familie kannte. Tatsächlich ist *The Making of Americans* auch ein psychologischer Roman, denn anhand einiger Figuren versucht Stein, alle möglichen Temperamente zu beschreiben. Die Psychologie von William James, bei dem sie studiert hatte, kombiniert sie mit der psychoanalytischen Theorie von Sigmund Freud, dessen Werke sie während der Niederschrift des Romans gelesen hatte, und zeigt jede ihrer Figuren als ein Amalgam verschiedener Eigenschaften und Temperamente. Die Verbindung dieser verschiedenen Eigenschaften macht erst die Individualität aus. Als Individuen werden die Herslands nur in Umrissen deutlich, denn die Erzählerin interessiert sich nur bedingt für die besonderen Typen und mehr für die allgemeine Typologie. Sie verläßt immer wieder die Figuren und ihre Lebensläufe und trägt ein fast endloses Inventar von Verhaltens- und Persönlichkeitsmustern zusammen. *Für viele also in der Geschichte von all den Arten von ihnen,* heißt es im Text, *all den Arten von Männern und Frauen die je lebten oder leben oder leben werden, für manche also und es gibt immer viele Millionen von ihnen für manche also ist es das Wichtige die Geschichte von all den Arten zu haben, die Geschichte von all den Arten die es je von Männern und Frauen geben kann.*[114] In diese Typologien werden dann die Figuren eingeordnet, denn sie werden als besondere Fälle des Allgemeinen begriffen. Aber indem die Herslands die möglichen Persönlichkeitsstrukturen und Lebensläufe vertreten, die allgemein sind, verzichtet Stein auf einen Anspruch des traditionellen Romanciers, nämlich auf den Anspruch, daß seine Figuren zugleich allgemein und besonders seien. In Gestalt und Gehalt bricht Stein mit einer Romantradition, die gute drei Jahrhunderte gehalten hatte.

Die formalen und stilistischen Neuerungen dieses Romans, vielleicht auch sein Umfang, machten jedoch die Rezeption schwierig. Während «Ulysses» 1922 literarische Auseinandersetzungen verursacht und Joyce zum Helden der Avantgarde erhoben hatte, wurde *The Making of Americans* außerhalb des Kreises der Expatriierten in Paris kaum wahrgenommen. Und 1925 erregte ein anderes Werk eines in Paris lebenden Amerikaners die Öffentlichkeit: die Uraufführung von Antheils «Ballet Mécanique» im Théâtre des Champs-Élysées. Schon Stunden vorher gab es vor dem Theater Gedränge, das sich ins Innere verlagerte; die ganze Clique der Expatriierten war da, T. S. Eliot war eigens aus London angereist, aber auch Picasso, Cocteau, Fernand Léger und die Komponisten der «Groupe des Six» (Francis Poulenc, Darius Milhaud, Germaine Tailleferre, Georges Auric, Louis Durey, Arthur Honegger) fanden sich ein. Die Aufführung geriet schon ziemlich am Anfang zu einer fast dadaistischen Veranstaltung, in der Buhrufe und Begeisterungsausbrüche sich mit der Musik mischten. Schließlich wurde Antheils Stück zu einem großen und bleibenden Erfolg. Überhaupt wurde Paris in den zwanziger Jahren zum bevorzugten Uraufführungsort von Musik der klassischen Moderne: Oft wurden in den Pariser Salons Stücke von Virgil Thomson gespielt, auch Antheils Kompositionen wurden von den Freunden der Madame Du Bost, die Strawinsky und die «Groupe des Six» unterstützte, sehr geschätzt. Auch George Gershwin fand in Paris ein aufgeschlossenes Publikum, das seine Mischung aus Klassik, Jazz und Schlager besonders «amerikanisch» fand. Mit Gershwins «An American in Paris» (1928), einem der populärsten Musikstücke, ging die Pariser Boheme ins Repertoire der klassischen Moderne ein.

Auch Hemingway setzte in seinem ersten Roman «Fiesta» Paris ein Denkmal: Er beschreibt die Atmosphäre der Stadt in den Jahren nach dem Ersten Weltkrieg, die Beziehungen zwischen den Expatriierten, den Lebensstil einer Boheme, die sozial und kulturell vielfältiger war als je zuvor. Paris ist in diesem Roman ein «melting pot» eigener Art, ein Sammelbecken der seelisch und körperlich Verwundeten, ein Ort der Begegnung und zugleich eine Oase der Einsamkeit, ein gefährliches Pflaster und zugleich ein Lustgarten – Paris steht bei Hemingway für Jugend und Kreativität, für den Geschmack von Freiheit und Abenteuer.[115]

Mit Recht kann man behaupten, daß die amerikanische literarische

Moderne in Paris entstanden ist und vielfach auch zuerst dort veröffentlicht wurde. Da die Zeit der Prohibition in den USA auch eine Zeit des intellektuellen Puritanismus war, konnten viele der in Paris lebenden Schriftsteller in Amerika nicht publizieren. So gründeten die Expatriierten Literaturzeitschriften und Verlage, in denen ihre eigenen Werke und die ihrer Freunde gedruckt wurden. Die Bücher der Verlage «Vendôme Press» und «Obelisk Press», die Jack Kahane in Paris betrieb, wären in den USA sofort beschlagnahmt worden: Mit moderner trivialer und erotischer Literatur machte Kahane ein gutes Geschäft, er war aber auch an den Experimenten der in Paris lebenden Dichter sehr interessiert. Seine «Obelisk Press» veröffentlichte einen Text von Joyce und später, in den dreißiger Jahren, Henry Millers Romane «Wendekreis des Steinbocks» und «Wendekreis des Krebses», die in den USA bis nach dem Zweiten Weltkrieg verboten waren. Im Verlag von Harry und Caresse Crosby, der «Black Sun Press», erschienen Werke von Archibald MacLeish und Teile des «Work in progress» von Joyce, «Finnegans Wake», und auch eines der Meisterwerke amerikanischer Lyrik dieses Jahrhunderts, «The Bridge» von Hart Crane: Daß dieses Gedicht, in dem New York zur Metapher der Moderne und zum mythischen Ort wird, in der besungenen Metropole selbst keinen Verleger fand und statt dessen in Paris erschien, ist nicht ohne Ironie. Aus New York schielten die Lektoren der etablierten Verlage auf die rege Verlagstätigkeit der Expatriierten in Paris, und die dort mit wenig Geld und viel Enthusiasmus herausgegebenen Zeitschriften dienten vielen als Sprungbrett zum Ruhm. Hemingway überließ einige Erzählungen und Joyce Teile von «Finnegans Wake» der Zeitschrift «This Quarter», die Ernest Walsh herausgab – der Name der Zeitschrift bezieht sich auf jenes Pariser Viertel, in dem die meisten Expatriierten wohnten. Zeitschriften wie «transition», von Eugene Jolas gegründet, und die «transatlantic review», von Ford Madox Ford gegründet, machten die französische Moderne dem englischsprachigen Publikum bekannt. Auf den Seiten der «transatlantic review» trafen sich Pound, T. S. Eliot, Joyce, Gertrude Stein, Hemingway, E. E. Cummings mit Philippe Soupault, Jean Casson, Valéry Larbaud, Régeant Ducharmes. Eines Tages kaufte William Bird eine Handpresse, stellte sie in einem kleinen Büro auf der Île Saint-Louis auf und gründete die «Three Mountains Press». Mit nur einem Setzer druckte er Pounds erste «Cantos», Hemingways Erzählungsband «In Our Time», Ford Madox Fords «Women and Men» – heute alles Klassiker der Moderne.

Trotz dieser regen publizistischen Atmosphäre konnte Gertrude Stein das umfangreiche Werk, das in der Rue de Fleurus anwuchs, nicht veröffentlichen. *Während dieser bewegten Nachkriegsjahre arbeitete Gertrude Stein unermüdlich. Nicht wie in der ersten Zeit ganze Nächte hindurch, aber doch überall, zwischen Besuchen, im Auto. [...] Sie liebte es damals besonders, im Auto zu arbeiten, wenn es in von Menschen wimmelnden*

Straßen stand.[116] Inzwischen hatte sie ein neues Auto gekauft, einen Zweisitzer von Ford, auf den sie sehr stolz war und mit dem sie Alice regelmäßig zum Einkaufen fuhr. Auf ihre Beziehung zu Alice wird in ihrem Werk immer wieder mit der Ehe angespielt, wobei sie selbst als «husband», «Ehemann», vorkommt und Alice als «wife», «Ehefrau». In *Didn't Nelly and Lilly Love You* heißt es: *Sie war in Kalifornien geboren und er war in Allegheny, Pennsylvania, geboren.*[117] In *Birth and Marriage* ist von einem *er* und einer *sie* die Rede, die verheiratet sind: *sie* ist am 30. April geboren und war eins von zwei Kindern – beide Details passen auf Alice; *er* war eins von sieben Kindern, wie Gertrude. Und in *A Lyrical Opera* gibt es die Beschreibung einer häuslichen Szene: *[...] sie mit einem Blatt Leinen und er mit einem Blatt Papier*[118], in Anspielung auf Alice' Stickerei und Gertrudes Schreiben. Neben unzähligen kurzen Texten und Prosagedichten versuchte Gertrude Stein nach *The Making of Americans* zum erstenmal wieder, längere erzählende Texte zu schreiben. *A Novel of Thank You* von 1925 ist 250 Seiten lang und in kurze Kapitel eingeteilt, die Tagebucheintragungen suggerieren. Eine Handlung ist nur in Umrissen auszumachen: Es geht um eine Beziehung, die nach einer krisenhaften Phase wieder gleichmäßig verläuft. Dieser Roman sei Steins hermetischstes Werk, meinte Carl Van Vechten, und tatsächlich ist es von Publikum und Kritik lange Zeit ignoriert worden. Kaum weniger hermetisch ist Steins anderer längerer Text aus dieser Zeit, *A Novel of Romantic beauty and nature and which Looks Like an Engraving (Ein Roman von romantischer Schönheit und Natur und der wie eine Gravur aussieht)*, dessen Obertitel *Lucy Church Amiably* lautet. Lucy Church ist sowohl eine Frau als auch ein Gebäude, eine Kirche. Dieser Roman ist 240 Seiten lang und greift Themen auf, die Gertrude Stein in den letzten Jahren immer wieder behandelt hatte, wie die pastorale Landschaft und die romantische Reinheit der Natur. In den Landschaftsbeschreibungen ist die Gegend unweit des Genfer Sees, wo Stein ein Sommerhaus gemietet hatte, erkennbar, und Pflanzen, vor allem Pilze, aber auch Minze und Erbsen, geben dem Text eine unmißverständliche sommerliche Komponente. Anspielungen auf lokale Besonderheiten sind ebenso in den Text eingeflochten wie Referenzen auf bekannte Figuren wie Madame Récamier. Gleichzeitig macht sich hier eine deutliche Beschäftigung mit der Form literarischer Narration bemerkbar.

Schon in dem Essay *An Elucidation (Eine Erläuterung)* von 1923 hatte Stein angefangen, eine Art Literaturtheorie zu formulieren. In *How to Write (Wie man schreibt)* konzentrierte sie sich auf die Möglichkeiten der Sprache und erklärte Grammatik für unwahr, für Konvention. Seit ihren

Gertrude Stein und Alice B. Toklas in ihrem zweiten Ford, zwanziger Jahre

ersten literarischen Versuchen hatte Gertrude Stein Schwierigkeiten gehabt, einen Erzählstrang oder einen bestimmten idiomatischen Erzählstil durchzuhalten. Formalismus war ihr stilistischer Feind, und sie versuchte, die Vorteile der fragmentarischen Erzählung theoretisch zu begründen. Für Stein war ‹wie man schreibt› gleichbedeutend mit ‹wie ich schreibe›. In dem Vortrag *Composition As Explanation*, den sie bei der Literary Society an der Universität Cambridge im Mai 1926 hielt, nahm sie ihr eigenes Werk als Beispiel und erklärte den Übergang im Erzähltempus von «prolonged present» zu «continuous present».

Die Einladung nach Cambridge war eine Ermutigung für Gertrude Stein und kam zu einem Zeitpunkt, als sie in Paris einigen Ärger hatte. Ihr Schützling Hemingway hatte auf Sherwood Andersons Roman «Dark Laughter» eine böse Parodie geschrieben, «The Torrents of Spring», und darin durch die Kapitelüberschrift «The Making and Marring of Americans» auch einen Hieb in Richtung Stein ausgeteilt. Weniger diese Anspielung auf ihr eigenes Werk als die Attacke auf den Freund Anderson und vor allem Hemingways hinterhältige Art, den Verlag zu wechseln (von dem Verlag, bei dem ihn Anderson empfohlen hatte, zu dem renommierteren Verlag, zu dem sein neuer Freund Scott Fitzgerald ihn brachte), enttäuschte und ärgerte Gertrude Stein. Damit war ihre Freundschaft mit Hemingway beendet. Ein anderes Ärgernis war die Reaktion auf *The Making of Americans*. In literarischen Kreisen wurde der Roman hoch gelobt: Carl Van Vechten hatte ihn neben Prousts «Suche nach der verlorenen Zeit» und Joyce' «Ulysses» zu den wichtigsten Werken der Moderne gezählt; Janet Flaner hatte in ihrer Kolumne aus Paris für die Zeitschrift «The New Yorker» von dem «intellektuellen Erfolg» des Romans geschrieben; Anderson hatte die Konsequenz der Konstruktion und das sprachliche Können gelobt und nochmals die wichtige Rolle beteuert, die Gertrude Steins Schreiben für ihn spiele. «Ihr Buch bewahre ich hier vor mir auf dem Schreibtisch auf. Ich stehle daraus.»[119] Aber die breite Anerkennung, der große Erfolg blieben aus. Und Edith Sitwell, Redakteurin bei «Vogue» in London, die Gertrude Stein in Paris besucht hatte und zu einer richtigen Verehrerin geworden war, gelang es auch nicht, Virginia und Leonard Woolf zu überzeugen, eine englische Ausgabe von *The Making of Americans* in ihrer Hogarth Press zu veröffentlichen. Sie versuchte, Gertrude Stein zur Beteiligung an einer Werbekampagne für den Roman zu überreden: öffentliche Auftritte, Lesungen, Signierstunden. Davon wollte Getrude Stein nichts wissen; so sehr sie den breiten Erfolg herbeiwünschte, so wenig konnte sie sich vorstellen, in eigener Sache aufzutreten. Als Edith Sitwell nicht lockerließ, nahm sie schließlich eine Einladung der «Literary Society» für einen Vortrag an. Es war das erste Mal, daß sie einen öffentlichen Vortrag halten sollte, und sie war sehr nervös, als sie in London ankam. Die Partys, die die mondänen Edith und Osbert Sitwell für sie

Gertrude Stein, fotografiert von Man Ray, 1926

veranstalteten, erhöhten eher ihre Nervosität, und sie hatte Lampenfieber, als sie auf dem Podium stand. Vor ungefähr hundert Studenten analysierte Stein ihr eigenes Werk: Angefangen mit *Melanctha* erläuterte sie ihren Versuch, der chronologischen Erzählung zu entkommen und neue Erzähltempora auszuprobieren. Während des Vortrags wurde sie ruhiger, und die anschließende Diskussion wurde lebhaft. Der allgemeine Eindruck war, daß der Vortrag sehr erfolgreich war, und sie fing an, die Öffentlichkeit zu genießen. Der zweite Vortrag in Oxford wurde zur Bewährungsprobe. Das konservative Publikum hörte sichtlich verstört zu und bombardierte sie dann mit Fragen. Gertrude Stein zog es während der zweistündigen Diskussion auf ihre Seite, und die Veranstaltung galt als eine gewonnene Schlacht im Kampf um die Moderne.

So kehrte sie mit Alice nach Paris zurück in dem Bewußtsein, Erfolg gehabt zu haben. Zuerst fuhren sie nach Belley in Südfrankreich, um sich von der Reise zu erholen. Dort bekamen sie eines Tages Besuch von einer Nachbarin, Madame de Clermont-Tonnerre, die sich entgegen dem geläufigen Geschmack der Zeit die Haare hatte kurz schneiden lassen. Die Frisur gefiel Stein so sehr, daß sie beschloß, sie nachzuahmen. «An jenem Abend sagte Gertrude zu mir, Schneide meine Zöpfe ab. Ich willigte ein. Den nächsten Tag verbrachte ich Haare schneidend. [...] Je mehr ich abschnitt, desto besser mochte es Gertrude. Schließlich, gegen Ende des Nachmittags, war es getan und es klingelte an der Tür. [...] Es war Sherwood Anderson und er sagte, nachdem er einen Blick auf Gertrude geworfen hatte, Du siehst aus wie ein Mönch.»[120]

Als sie wieder in Paris waren, kam in den darauffolgenden Monaten eine ganze Schar von Prominenten aus Oxford und Cambridge in die Rue de Fleurus. Ein Oxforder Verleger, Joseph Brewer, veröffentlichte eine Sammlung von kurzen Stücken, *Useful Knowledge*, und John Lane brachte eine neue Auflage von *Drei Leben* heraus. Dieser verlegerische Wirbel weckte neues Interesse an *The Making of Americans*, und es erschienen weitere Rezensionen: Marianne Moore in «The Dial» und Katherine Ann Porter lenkten die Aufmerksamkeit des gebildeten Publikums auf ein Grundlagenwerk der modernen Literatur, das fast unbekannt und in den USA kaum erhältlich war.

Aber trotz ihres neuen Ruhms fand sich immer noch kein Verlag bereit, den monumentalen Roman, der ihr so am Herzen lag, zu veröffentlichen. *Wir schreiben für uns selbst und für Unbekannte, aber wenn keine unternehmungslustigen Verleger da sind, wie kann man dann mit diesen Unbekannten in Kontakt kommen?*[121] So beschlossen Gertrude Stein und Alice B. Toklas, sich selbst als Verleger zu betätigen. «Als Gertrude wieder einmal keinen Verlag finden konnte, verkaufte sie den schönen Picasso mit dem Mädchen, das einen Fächer hält [...] das machte es möglich, die Plain Edition einzurichten.»[122] Immer wieder hatten die beiden Frauen Bilder aus finanziellen Gründen verkauft oder aus geschmacklichen Gründen ausgewechselt. Die Schwestern Cone, deren Familienbetrieb nach dem Krieg zu einem großen Unternehmen wurde, kauften oft von den Steins.[123] Und bei Kahnweiler, der nach dem Krieg nach Paris zurückgekehrt war, tauschte Gertrude Stein das Gruppenbild mit Apollinaire, Picasso und Fernande von Marie Laurencin für ein Bild von Juan Gris ein. Der Verkauf des Picasso-Bildes also sicherte den Anfang der Plain Edition. «Unser erster Plain Edition-Band, *Lucy Church Amiably*, war in Paris schlecht gedruckt worden. [...] So gingen wir mit dem zweiten Band, *How to Write*, nach Dijon. Da trafen wir eines Abends auf einer Party Darantière selbst – er hatte *The Making of Americans* gedruckt

– und ich sagte zu ihm, Sie müssen mir aus einer Klemme heraushelfen, ich habe zwei Bücher für Gertrude Stein zu drucken, und ich brauche Ihre Hilfe. Ich möchte, daß sie billig sind und für zweieinhalb Dollar in den Vereinigten Staaten verkauft werden können, so daß für mich nur Porto, Zoll und eventuell ein Gewinn übrigbleiben.»[124] Mit Hilfe des Meisterdruckers Darantière fing Gertrude Stein an, selbst ihr Werk zu verlegen. Die Verbreitung des ersten Bandes, *Lucy Church Amiably*, war in Paris leicht, denn alle Buchhandlungen, die englische Bücher vertrieben, kannten Gertrude Steins Namen wie ihr Renommee und waren bereit, das Buch im Schaufenster auszustellen. Gertrude Stein *verbrachte ihre ganze Zeit damit, in Paris herumzuwandern und sich in den Schaufenstern Exemplare von «Lucy Church Amiably» anzusehen*[125]. In den USA war der Vertrieb schwieriger, und der Verkaufserfolg ließ auf sich warten. Trotzdem veröffentlichte die Plain Edition mehrere Bände, sowohl ältere als auch neuere Werke von Gertrude Stein: *Before the Flowers of Friendship Faded Friendship Faded (Ehe die Blumen der Freundschaft verblühten, verblühte die Freundschaft)* 1931; *How To Write*

Der zweite Band in der «Plain Edition»: «Ehe die Blumen der Freundschaft verblühten, verblühte die Freundschaft. Nach einem Gedicht von Georges Hugnet»,Mai 1931

Gertrude Stein mit dem französischen Dichter Georges Hugnet in Bilignin, Anfang der dreißiger Jahre

(Wie man schreibt) 1931; *Operas and Plays* 1932; *Matisse Picasso and Gertrude Stein* 1933. *Before the Flowers of Friendship Faded Friendship Faded* ist ein langes Gedicht, das als Übersetzung eines Gedichts von Georges Hugnet angefangen hatte. Hugnet hatte 1929 Teile von *The Making of Americans* ins Französische übersetzt und in seinem Verlag «Éditions de la Montagne» unter dem Titel *Morceaux choisis de la fabrication des américains* veröffentlicht. Als Gegenleistung hatte Stein 1930 sein ambitioniertes Gedicht «Enfances» ins Englische übertragen. Bei der Veröffentlichung stritten sie sich über die Größe und die Reihenfolge ihrer beiden Namen auf dem Umschlag, und Stein war beleidigt, daß ihr Text einfach als Übersetzung behandelt wurde. Der Titel ihrer ‹Übersetzung›, «Poem Pritten on the Pfances of Georges Hugnet», war eine Veralberung, die Hugnet seinerseits beleidigte. Stein veröffentlichte ihren Text in der Plain Edition: Den Namen Hugnets und den Hinweis auf sein Gedicht strich sie völlig – nicht ganz zu Unrecht, denn nur die erste Zeile ist eine Übersetzung des Hugnet-Textes, sonst ist *Before the Flowers of Friendship Faded Friendship Faded* ein typischer Stein-Text voller Wortspiele und assoziativer Passagen, aus denen die sexuellen und morbiden Konnotationen des ursprünglichen Textes verschwunden sind.

Auch der theoretische Essay *How To Write* erschien in der Plain Edition, und in einem weiteren Band wurden die Porträts von Matisse und Picasso vereinigt, in einem dritten Texte aus den letzten Jahren, darunter einige, die Stein als Libretti verstand. Nicht erst die Freundschaft mit Satie oder Antheils modernistische Versuche lenkten Gertrude Steins Interesse auf die Musik: Im Haushalt der Steins hatte es immer ein Klavier gegeben, und schon in ihren Bostoner Studienzeiten war Gertrude Stein regelmäßig ins Konzert gegangen. Und Alice B. Toklas spielte weiterhin Klavier und war immer über die letzten Aufführungen oder Konzerte informiert. Aber was Gertrude Stein vor allem interessierte, war die Verbindung von Musik und Sprache, waren die Möglichkeiten der sprachlichen Anpassung an Musik. Sie verfaßte Libretti als eigenständige literarische Texte, ohne auf eine bestimmte Musik zu zielen. Allerdings war sie besonders dankbar, als Virgil Thomson bei ihr ein Opernlibretto bestellte. Thomson war nach Paris gekommen, um bei der berühmten Pianistin Nadia Boulanger an der American School of Music in Versailles zu studieren und in der Hauptstadt der modernen Musik zu sein. Er freundete sich mit den Komponisten der «Groupe des Six» und mit Antheil an, der ihn in die Rue de Fleurus mitnahm. Thomson kannte Gertrude Steins Werk und fand die passenden Lobesworte dafür, so daß er zum gerngesehenen Gast wurde. Der besondere Rhythmus der Wiederholungen gab den Stein-Texten eine Musikalität, die den Komponisten reizen mußte. Für ihn waren Stein-Texte eine Herausforderung an die Verständlichkeit, aber gerade ihre Hermetik machte sie für die moderne Musik besonders geeignet. «Wo schon die Bedeutungen nur noch

Gertrude Stein mit dem amerikanischen Komponisten Virgil Thomson, 1927

abstrakt oder abwesend oder so vielfältig sind, daß eine Wahl zwischen ihnen nicht mehr möglich ist, gab es keine Versuchung tonaler Illustration.»[126] Thomson bat Gertrude Stein, ein Libretto für ihn zu schreiben. Er wollte eine Oper im Stil der klassischen italienischen Oper mit historischem Thema komponieren, und Stein schlug das Leben von George

Washington vor. Aber Thomson mochte die Idee nicht, und sie einigten sich auf Heiligenleben. Steins Interesse an Heiligen war keineswegs religiöser Art. Die christliche Religion hielt sie für ein Märchen, und vom Judentum akzeptierte sie nur das Fehlen eines Jenseitsgedankens. Was sie an Heiligen interessierte, war die Legendenbildung, der Prozeß des Berühmtwerdens – also etwas, was mit ihrem Leben zu tun hatte. Für sie waren Heilige, wie Genies, Kopfgeburten, die Kreativität, Persönlichkeit und Arbeit verlangten – in jenem uramerikanischen Sinn, daß man sich, wie Gertrude Stein glaubte, selbst erfinden kann, eben als Genie oder als Heiliger. Darüber hinaus verstand sie Heilige als Seher, die – wie die Kubisten und wie sie selbst – die äußere Realität durchdrangen und die Welt in ihrer Eigentlichkeit neu zusammensetzten. So handelt ihr Libretto *Four Saints In Three Acts (Vier Heilige in drei Akten)* zwar von Heiligen, aber eigentlich ist das unterschwellige Thema «das Arbeitsleben des Künstlers, das Leben sozusagen, das wir beide lebten»[127], schrieb Thomson in seiner Autobiographie. Zu Gertrude Steins abstrakter Handlung komponierte er eine Musik, die fast unabhängig vom szenischen Geschehen bleibt und den Sprach-Text parallel begleitet. Thomson verwendet eine primitive diatonische Harmonik mit gelegentlichen Schichtakkorden und kombiniert in seiner Melodik amerikanische Kirchenlieder und Psalmodik mit Tanzrhythmen wie dem Tango. Die vier Heiligen aus dem Titel sind Ignatius de Loyola, die heilige Theresia de Ávila, Sankt Plan and Sankt Settlement, aber es kommen noch viele andere bekannte und erfundene Heilige vor; die Hauptfigur ist die heilige Theresa, deren Rolle Thomson in zwei Charaktere teilte, um die Inszenierung zu erleichtern. Gertrude Stein mochte die Musik sehr, und eine private Aufführung von Teilen der Oper brachte Thomson in Paris viel Lob ein. Durch diese Reaktion ermuntert, reiste er nach New York, um die Oper dort aufzuführen. Er organisierte im Februar 1929 ein Konzert mit kürzeren Stücken von Gertrude Stein, die er vertont hatte. Das Konzert war zwar ein Erfolg, und ein Erfolg war auch eine private Auffführung von Teilen der Oper, bei der Carl Van Vechten und Mabel Dodge anwesend waren. Diese Oper, schrieb Van Vechten nach Paris, «würde die Oper erledigen, wie Picasso die alte Malerei erledigt hatte»[128]. Leider gelang es Thomson nicht, die Finanzmittel für eine Inszenierung der Oper aufzutreiben. Dennoch war Gertrude Stein begeistert von den Berichten über die Konzerte und über die Reaktionen in New York, wo Thomson als Musikkritiker der «Herald Tribune» zu einer maßgeblichen Persönlichkeit in der Musikszene avancierte. Nur ihre Hoffnung, daß die Musikstücke von Thomson im Radio gespielt und ihr Geld für ein neues Auto und für die Installation eines Telefons in der Rue de Fleurus einbringen würden, verwirklichte sich nicht. Allerdings konnte sie sich im Frühjahr 1929 einen anderen Wunsch erfüllen: Sie mietete ein Haus in Südfrankreich. Seit 1923 hatten Gertrude Stein und Alice B. Toklas die Sommer

Das Eingangstor in Bilignin

bei Belley im Département de l'Ain verbracht. Sie mochten die Landschaft und die geistigen Konnotationen dieser Ortschaft, wo der Philosoph Jean Brillat-Savarin geboren worden und wo der französische Romantiker Alphonse de Lamartine aufgewachsen war. Hier hatten Stein und Alice *The Making of Americans* für die «Contact Editions» Korrektur gelesen, und hier entstand *Lucy Church Amiably*, so daß der Ort auch schon in ihrer Biographie eine besondere Rolle spielte. Als die beiden Frauen mit ihrem neuen Hund Basket, einem weißen Pudel, im Frühjahr 1929 in der Gegend von Belley herumfuhren, sahen sie ein altes, abseits gelegenes Haus, das ihnen gefiel. «Nach mehreren Sommern in Belley sahen wir ein Haus in Bilignin, in dem wir unsere Sommer verbringen wollten.»[129] Es war ein Herrenhaus aus dem 17. Jahrhundert, das ein in Belley stationierter Leutnant gemietet hatte. Obwohl er nicht darin wohnte, wollte er seinen Mietvertrag nicht kündigen, aber als er nach Marokko versetzt wurde, mußte er das Haus freigeben. Gertrude Stein und Alice B. Toklas zogen im Sommer ein. Die Möbel stammten teilweise noch von den Brillat-Savarins; den Garten durchzogen viele verschlungene Wege und schöne Blumenbeete, und die Aussicht von den Balkons war wunderbar. Hier verbrachten sie nun ihre Sommer und empfingen Besuche. Francis Picabia suchte sie hier auf, und im Sommer 1931

Im Garten von Bilignin, um 1930. Von links: Gertrude Stein, Olga und Pablo Picasso

Aaron Copland und Paul Bowles, 1932

kamen die Komponisten Aaron Copland und Paul Bowles. Auch Eugene Jolas, der Herausgeber der Zeitschrift «transition», stellte sich ein. Er brachte einen Verleger mit, der sich für *The Making of Americans* interessierte. *Aber es ist schrecklich lang sagte er, es ist tausend Seiten lang sagte Gertrude Stein. Kann man's denn nicht kürzen, sagte er, auf etwa vierhundert Seiten kürzen? Ja, sagte Gertrude Stein, vielleicht. Gut, kürzen Sie es, dann will ich es herausbringen, sagte Furman. Gertrude Stein dachte darüber nach und dann tat sie es.*[130] Die Statik des Textes einerseits und andererseits die Gleichmäßigkeit der verschiedenen Teile erlaubten es Stein, eine Kurzfassung des Romans zu erstellen.[131] So reduzierte Gertrude Stein den Text auf nur 400 Seiten und gab dieser Version den Titel *The Making of Americans. The Hersland Family*. Die sprachliche Besonderheit des Textes blieb auch in dieser Fassung erhalten, denn es ist nicht die Länge, sondern die Komposition, die den «steinigen» Stil ausmacht. Alle stilistischen Merkmale sind beibehalten, nur daß die Handlung kompakter und auf die Herslands konzentriert ist.

Anfang der dreißiger Jahre war Gertrude Steins Werk in Paris bekannter als in den USA. Bernard Faÿ, Professor am Collège de France, übertrug den ganzen Text von *The Making of Americans* ins Französische und

Bernard Faÿ und Gertrude Stein in Bilignin, 1932

setzte die Veröffentlichung durch. Der Kritiker Marcel Brion verglich in einem Artikel unter dem Titel «Le Contrepoint poétique de Gertrude Stein», der 1930 in der Zeitschrift «Échange» erschien, Steins Prosa mit Bachs Fugen. In Paris war die Reputation von Gertrude Stein als Erneuerin des Erzählens unumstritten, und sie dominierte weiterhin von der Rue de Fleurus aus die Avantgarde, die an der Seine entstand. Nicht nur Schriftsteller suchten sie auf, es kamen nach wie vor auch Künstler, die von ihrer Bildersammlung gehört hatten und in ihr eine Mäzenin der modernen Kunst sahen. Allerdings war ihre Sammlung durch mehrere Notverkäufe dezimiert worden, und sie interessierte sich nicht für die auf den Kubismus folgenden Richtungen. Die Käufe, die sie nach der Trennung von Leo tätigte, waren mit Ausnahme einiger Bilder von Juan Gris

Juan Gris: Das Boot, 1924.
Unten links die Widmung an
Gertrude Stein

Jacques Lipchitz:
Gertrude Stein, 1920

Jo Davidson und sein Modell, fotografiert von Man Ray, 1923

und Picabia kunsthistorisch unerheblich. Immer wieder unterstützte sie junge Künstler und kaufte ihnen Bilder ab, aber sie entdeckte nichts mehr, sondern fiel im Gegenteil in ihrem Geschmack hinter die Entwicklung der Malerei zurück. Unter den jungen Künstlern in Paris war das Porträt, das Picasso von ihr gemalt hatte, berühmt geworden und machte sie auch als Modell interessant. Bei dem emigrierten russischen Bildhauer Jacques Lipchitz wurde sie zur kubistischen Büste, bei dem amerikanischen Realisten Jo Davidson zur Statue: eine sitzende Frau, breit-

Man Ray in seinem Atelier, Rue Campagne-Première 31

beinig, die Ellbogen auf die Knie gestützt, mit niedergeschlagenen Augen und einem unbestimmten Lächeln auf den Lippen – eine weibliche Version des Rodinschen «Denkers». Dagegen bewahrte Man Ray in seinen fotografischen Porträts die berühmte Lebhaftigkeit ihres Gesichts.

«Man Ray sah wie ein indianischer Miniaturpotentat aus, sehr prätentiös. Was er überhaupt nicht war, er war einfach. Er machte seinen Weg und sagte zu Gertrude: Wollen Sie für mich Modell sitzen? Ich möchte Sie fotografieren. Wie immer sagte sie: Aber gerne... Man Ray gab ihr die Adresse seines Hotels in der Rue Delambre. Der Raum, den er für die Aufnahme vorschlug, war ein kleiner Raum, ein Wohn-Schlafzimmer in einem kleinen Hotel, aber dort hatte er alle Kameras und Drähte und alle Arten Lampen. Dort machte er die erste von vielen Aufnahmen von Gertrude, eine sehr schöne. Von dem Tag an machte Man Ray so viele Aufnahmen von Gertrude, daß er eines Tages lachend zu ihr sagte: Ich bin Ihr offizieller Fotograf.»[132] Ebenso berühmt wie in Kunstkreisen die Fotos von Man Ray wurde in literarischen Kreisen 1931 die Essaysammlung «Axel's Castle» des renommierten Kritikers Edmund Wilson, der in einem Artikel Gertrude Steins Werk analysierte und es neben diejenigen von Proust, Joyce, Yeats und Eliot stellte. Von Wilson als literarische Persönlichkeit von großem Rang ausgerufen zu werden, steigerte Steins Selbstbewußtsein. Dieses neue Selbstbewußtsein und eine gewisse schöpferische Ermattung veranlaßten sie, einen Rückblick auf ihr Leben zu werfen. Nach zwanzig Jahren enigmatischer Äußerungen und hermetischer Prosa wählte sie für ihre Autobiographie eine klare Sprache und eine deutliche Erzählstimme: diejenige von Alice B. Toklas. Mit Alice als Erzählerin und sich selbst als Hauptfigur schrieb Gertrude Stein 1932 *Die Autobiographie von Alice B. Toklas*, die ihr erster Erfolg werden sollte. Sie war 58 Jahre alt.

Ruhm

«Es gab viel Gerede um Ihr neues Buch, aber was für ein entzückendes Buch das ist»[133], schrieb Ellery Sedgwick, Chefin der renommierten literarischen Zeitschrift «The Atlantic Monthly» an Gertrude Stein. Diese Zeitschrift, in der sie schon immer gedruckt werden wollte und die noch nie zuvor ihre Texte angenommen hatte, veröffentlichte vier Auszüge aus *Die Autobiographie von Alice B. Toklas*, bevor das Buch im September 1933 erschien. Stein selber gab dem Buch keine Gattungsbezeichnung und förderte damit das Verwirrspiel um die Identitäten. Denn es ist ebensowenig eine Autobiographie von Alice B. Toklas wie die Lebensgeschichte von Gertrude Stein. Es ist ein autobiographischer Roman im strengsten Sinn: die subjektive Darstellung eines Lebens mit literarischen Mitteln. «Es war Bertie, Sir Robert Abdy, der einmal zu Gertrude sagte, du solltest die Geschichte deiner Freunde und deiner Zeit schreiben», erinnerte sich Toklas, «Und das tat sie, *Die Autobiographie von Alice B. Toklas.*»[134] In einer Mischung aus Dichtung und Wahrheit rekonstruierte Stein anhand einiger realer Ereignisse ihr Leben und gab ihm den Glanz, den es nicht gehabt hatte. Das Buch, schrieb Leo[135], sei eine Romanze, denn Gertrude hätte die Leidenschaft und die Erbärmlichkeit ihres Lebens zu einer Erfolgsgeschichte umgestaltet. Im Buch wird der Abbruch des Studiums in Baltimore zur Anekdote, das Leben in Leos Schatten während der ersten Pariser Jahre zu einer fruchtbaren Zeit intellektuellen Erwachens, das aussichtslose Schreiben zur künstlerischen Leidenschaft. Leo selbst kommt nicht vor, es sei denn als *Gertrude Steins Bruder*. Gertrude Stein erscheint als Entdeckerin Picassos, Fürsprecherin des Kubismus, Begründerin der literarischen Moderne, als Helferin junger Schriftsteller, als eine umgängliche Person, exzentrisch und charmant zugleich, die sich mit großen Persönlichkeiten und kleinen Leuten ebenso amüsant unterhält und die Ernst mit Abenteuer verbindet. Gertrude Stein schrieb ihre eigene Legende, und sie war überzeugend. Aber das Buch erzählt mehr als eine Version von Gertrude Steins Leben.

Es erzählt von einem heroischen Kampf um die Moderne, vom ästhetischen Sieg des Kubismus, vom Leben und Überleben während des Er-

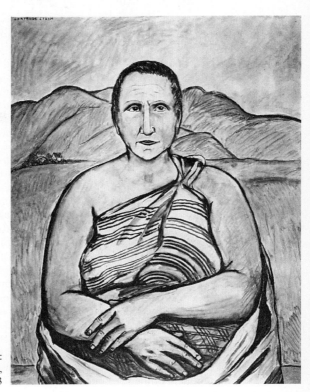

Francis Picabia:
Gertrude Stein,
1933

sten Weltkriegs, von der «verlorenen Generation» amerikanischer Schriftsteller im Paris der zwanziger Jahre, und es erzählt das alles in einer Sprache, die Freunde und Feinde gleichermaßen in Erstaunen versetzte. Verschwunden waren die komplexe Syntax, die Wiederholungen, das «continous present», die gewollte Vagheit der Porträts und die Detailbesessenheit der Beschreibungen, die Wortspiele und die sprachlichen Assoziationen; es blieb eine klare und einfache Sprache, die sich am gesprochenen Englisch orientiert, genauer: an dem Englisch, wie es Alice B. Toklas sprach. Da sie die Erzählerin war, machte Gertrude Stein die Sprechweise ihrer Freundin, die beiläufige Anekdotenerzählung, die auktorialen Sätze, die verbrämte Gehässigkeit nach. So ist dieses Buch tatsächlich ein Spiel mit den Identitäten: Alice ist Erzählerin in einem Roman, den Gertrude Stein schreibt, indem sie Alice' Stimme nachahmt.[136] Wie immer schrieb Toklas das Manuskript ab, und, wie oft, redigierte sie dabei den Text.[137] Die neue stilistische Einfachheit Gertrude

Steins entsprach Toklas' eigener Ausdrucksweise, und sie muß sich in der fiktiven Alice des Romans wiedergefunden haben. Denn Alice wurde zu einer fiktionalen Figur, deren Bildungsroman erzählt wird: Sie lernt Picasso und Matisse, Hemingway und Fitzgerald, Antheil und Gershwin kennen und die Moderne in Malerei, Literatur und Musik schätzen. Im Roman ist Alice Vertraute und Beobachterin ihrer Freundin Gertrude, die die Heldin ist. Denn auch als Erzählerin ist Alice nur eine fiktionale Figur, die eigentliche Erzählerin ist Gertrude: das Buch von Alice B. Toklas endet mit der Auskunft, daß Gertrude Stein es geschrieben hat. *Vor etwa sechs Wochen sagte Gertrude Stein, es sieht mir gerade nicht so aus, als ob du jemals deine Autobiographie schreiben würdest. Weißt du, was ich tun werde? Ich werde sie für dich schreiben. Ich werde sie so einfach abfassen wie Defoe, als er die Autobiographie Robinson Crusoes schrieb. Und das tat sie und hier ist sie.*[138] Alice bleibt im Hintergrund, Gertrude ist innerhalb wie außerhalb des Textes die Hauptfigur. Diese Rollenverteilung wurde durch die Wahl und Plazierung der Fotos in der Originalausgabe suggeriert. Sechzehn Fotos waren in der ersten Ausgabe des New Yorker Verlags Hartcourt, Brace & Co. enthalten. Das Titelbild zeigte Alice B. Toklas, die in einer zu Dreiviertel geöffneten Tür steht und in die Kamera sieht; im schwach beleuchteten Vordergrund sitzt Gertrude Stein an einem Tisch und schreibt. Die Rollenverteilung im Buch gibt dieses Foto wieder, indem es Alice B. Toklas wie durch Gertrude Steins Schreiben einführt und indem die unterschiedlichen Posen der beiden Frauen Rückschlüsse auf ihre unterschiedlichen Rollen im Roman zulassen. Auch die anderen Fotos vermitteln den Eindruck einer harmonischen Freundschaft, die auf einer klaren Trennung der Wirkungsbereiche der beiden Frauen beruhte. Der Roman ist eine Beschwörung ihrer langjährigen Beziehung, aber es ist Gertrudes Geschichte. Diese Geschichte wurde in den USA zu einem Erfolg: Sie kam stilistisch und inhaltlich dem Geschmack des amerikanischen Publikums entgegen. Die sprachliche Einfachheit entsprach einer in der amerikanischen Literatur dominierenden Tendenz, die Umgangssprache zum literarischen Mittel zu machen, und verlieh der Geschichte einen realistischen Charakter. Die Handlung entsprach dem amerikanischen Traum von Glück und Erfolg, denn es geht um ein Mädchen aus der kalifornischen Provinz, das Paris erobert: Entwicklungs- und Erfolgsgeschichte zugleich. Zudem war Paris auch nach der Weltwirtschaftskrise das beliebteste Ziel der Amerikaner in Europa geblieben, und die «Goldenen Zwanziger» waren schon Anfang der Dreißiger als ein Jahrzehnt der ästhetischen und sozialen Errungenschaften legendär. So nährte Gertrude Steins Geschichte über das Paris in den zwanziger Jahren die Faszination, die die Seine-Metropole und die französische «joie de vivre», die Lebenslust der «années folles», auf die Amerikaner ausübte. Darüber hinaus befriedigte das Buch auch die Neugierde auf das Leben von Berühmtheiten,

Gertrude Stein, im Vordergrund am Schreibtisch sitzend, und Alice B. Toklas, im Hintergrund in der Tür, 1922. Dieses Foto von Man Ray wurde in die Erstausgabe von «Die Autobiographie von Alice B. Toklas» aufgenommen.

denn es hat eine unverkennbare Komponente von Klatsch. Die bekannten Namen, die Mischung aus Anekdote und Bericht, die sprachliche Schlichtheit machten das Buch zum Bestseller und bescherten Gertrude Stein ihren ersten Verkaufserfolg. Nachdem Amerika sie zwei Jahrzehnte lang ignoriert hatte, wurde die Gertrude der *Autobiographie* zu «everybody's darling», zu einer populären Figur. Aber auch Kritikerlob bekam sie. Edmund Wilson nannte es «ein instruktives und überaus unterhaltendes Buch»[139], und William Troy schrieb in «The Nation»: «Unter den literarischen Erinnerungsbüchern ist dasjenige von Miss Stein eines der reichsten, witzigsten und respektlosesten, die je geschrieben wurden.»[140] Gertrude Stein genoß die Popularität, nach der sie sich so lange gesehnt hatte, aber sie veränderte ihr Bewußtsein von sich selbst. *Auf einmal war ich nicht mehr bloß ich, weil mich so viele Leute kannten [...] ich war nicht mehr ich.*[141] Zum erstenmal verdiente Stein mit ihrem Schreiben Geld. *Nie zuvor hatte ich Geld verdient und ich war ganz aufgeregt.*[142] Sie kaufte einen neuen Acht-Zylinder-Ford und ließ sich vom renommierten Pariser Couturier Hermès einen Mantel schneidern.

Und als 1934 das Buch in der französischen Übersetzung von Bernard Faÿ erschien, wurde Stein auch in Paris zu einer Berühmtheit jenseits der literarischen Zirkel. *Ich habe mir nie vorgestellt, daß es mir passieren könnte solch eine Berühmtheit zu werden aber es kam und als es kam gefiel es mir.*[143] Sie wurde in die Pariser Gesellschaft, zu eleganten Empfängen und exklusiven Abendessen eingeladen. «Im Alter von sechzig Jahren genoß Gertrude nun das Leben einer Debütantin.»[144] Allerdings weckte das Buch auch Unmut, vor allem natürlich bei jenen, die schlecht wegkamen. Hemingway, der wenig schmeichelhaft als die Erfindung Gertrude Steins und Sherwood Andersons dargestellt wird, schickte ihr ein Exemplar seines Buchs «Tod am Nachmittag» mit der auf Gertrude Steins typische Redundanz anspielenden Widmung «A Bitch Is A Bitch Is A Bitch Is A Bitch» – «Eine Hexe ist eine Hexe ist eine Hexe ist eine Hexe». 1935 veröffentlichten Eugene und Maria Jolas ein Pamphlet unter dem Titel «Testimony Against Gertrude Stein» – «Zeugenaussage gegen Gertrude Stein». Matisse, Braque, André Salmon, Tristan Tzara und andere stellten Fakten und Chronologie richtig. Aber die Unstimmigkeiten waren – und sind – belanglos für die Wirkung des Buchs, und die Berichtigungen änderten nichts an seinem Erfolg. Stein ärgerte sich über diese Verwechslung von Fiktion mit Wirklichkeit, blieb aber souverän. *Schriftsteller nehmen nicht wirklich übel was irgendeiner über sie sagt, sie können etwas übelnehmen oder etwas mögen aber da Schreiben Schreiben ist und Schriftsteller wissen daß Schreiben Schreiben ist leiden sie nicht wirklich sehr stark unter dem was geschrieben worden ist.*[145] Für die Leser war es unerheblich, ob die vielen amüsanten Begebenheiten wie beschrieben stattgefunden hatten, ob die Ereignisse im Buch wahrheitsgemäß wiedergegeben waren oder nicht. Wie 1905 der Kauf von Matisses Gemälde «La Femme au Chapeau» genau vor sich ging, ob Leo oder Michael Stein oder dessen Frau Sally das Bild zuerst gesehen hatte und wer es angezahlt und wer den Preis ausgehandelt hatte – all das war für die Leser unerheblich. Wie jedes gute Buch schuf *Die Autobiographie von Alice B. Toklas* seine eigene Realität und seine eigenen Figuren, die überzeugender waren als die wirklichen Personen, deren Leben sie darstellen sollten. Das Buch vermittelte einen Eindruck vom intellektuellen Leben der amerikanischen Geisteselite im Paris der zwanziger Jahre: Den amerikanischen Lesern brachte es Paris näher, die französischen Leser machte es durch die Beschreibung der Expatriierten mit Amerika vertraut. Aber *Die Autobiographie* beanspruchte nicht, die absolute Wahrheit zu erzählen, sondern eine Version davon, und die Erzählung war so realistisch, daß sie als die Wahrheit angesehen wurde und sie sogar ersetzte. Die Gertrude Stein des Buchs wurde für die Gertrude Stein der Rue de Fleurus gehalten. Ihr Salon wurde mehr denn je aufgesucht, und die Besucher wunderten sich über ihre ruhige, stille Art, die Abende aus ihrem Sessel zu beherrschen. «Sie scheint so stark und gelassen wie ein Menhir», notierte Julien Green in seinem Tagebuch nach einem Besuch in der Rue de Fleurus über Gertrude Stein; «[...] man könnte sie auf zehn Jahrhunderte schätzen, was heißt, daß sie die Jugend und die innere Ruhe eines Berges hat»[146].

Aber gerade jetzt war diese innere Ruhe gefährdet. Der Erfolg der *Autobiographie* machte aus der obskuren Schriftstellerin eine Berühmtheit; zum erstenmal hatte Stein ein breites Publikum, und zwar auf beiden Seiten des Atlantiks. Das Bewußtsein, populär zu sein, gab ihr das Gefühl, eine öffentliche Verantwortung zu haben. Bezeichnenderweise sprach sie nicht von Lesern, sondern vom *buyer*, dem Käufer, und sie empfand, daß zwischen ihr und den Unbekannten, die das Buch kauften, eine Art Abmachung bestehe. So lange sie von niemandem gelesen wurde, konnte sie schreiben, wie sie wollte, jetzt aber sorgte sie sich um ihr Publikum, und zum erstenmal, seitdem sie zu schreiben angefangen hatte, versuchte sie, den Erwartungen von Unbekannten gerecht zu werden. Der finanzielle Erfolg der *Autobiographie* versetzte dieses Buch in eine andere Kategorie als ihre anderen Werke: Nun gab es Werke, die Geld wert waren, und welche, die es nicht waren. *Wenn mein Schreiben Geld wert war dann war es irgendwie nicht das was es gewesen war.*[147] Früher hielt sie alles, was sie schrieb, für wichtig; jetzt war manches, was sie schrieb, wichtiger als manch anderes, weil es finanziell wertvoll war. Die Sorge um die Reaktion des Publikums, um die finanziellen Folgen, um ihre Berühmtheit führte im Winter 1933/34 zu einer Schreibhemmung. *Ich hatte geschrieben und schrieb jetzt nichts. Nichts in mir verlangte nach Niederschrift. Nichts verlangte nach einem Wort und es war kein Wort in mir das nicht gesprochen werden konnte und also war kein Wort in mir. Und ich schrieb nicht.*[148] Vor lauter Erfolg konnte sie nicht mehr schreiben. Sie versuchte, mit einem kurzen Text aus dieser Schreibhemmung herauszukommen: *Keine keiner* ist eine Erzählung, in der es um einen Mord in einem Landhaus in der Provinz geht. Die Grundlage für die Erzählung lieferte ein Doppelmord, wahrscheinlich ein Doppelselbstmord, in Bilignin. Als lebenslange Leserin von Kriminalromanen versuchte Gertrude Stein, sich diese Gattung zu eigen zu machen, um so mehr als die typische Frage einer jeden Mordgeschichte diejenige nach Identitäten ist: nach der Identität des Opfers und der des Täters. Indem sie weder das Opfer noch den Täter mit einer klaren Identität versieht, dekonstruiert Stein den Kriminalroman. Wie schon der Titel suggeriert, gibt es in diesem Text Non-Identitäten: *Keine keiner*, *Jede jeder*, aber auch *eine Person* oder *jemand* kommen als Figuren vor. Aber es fehlt das Handlungsschema, auf dem Kriminalromane beruhen (Tat, Untersuchung, Aufklärung), auch die umständliche Erzählweise entspricht nicht dem gattungsüblichen Stil. Denn in diesem Text kehrte Gertrude Stein zu ihrem assoziativen Erzählen zurück, zu Wiederholungen, Wortspielen und Lautverbindungen; ständig unterbricht sie den Lauf der Ereignisse, um von Dingen zu erzählen, die nichts mit der kriminalistischen Handlung zu tun haben; sie durchsetzt die Handlung mit Reflexionen und apodiktischen Einschüben, wechselt zwischen Dialog und innerem Monolog. Ein Kriminalroman ist dies nur im Ansatz: Der Mord und die Lösung des Falles bleiben im Hintergrund, im Vordergrund stehen die Identitäten der Figuren.

Schon in Gertrude Steins Frühwerk, in *Melanctha* und in *The Making of Americans*, gehörte die minuziöse Darstellung der psychologischen und verhaltenstypischen Merkmale, die Identität ausmachen, zum inhärenten Teil der Erzählung. In den späteren Porträts trat die Psychologie hinter das Physische zurück, und Beschreibung machte einen großen Teil der Texte aus. Auch in den Stücken und Libretti wurde die Identität der Figuren vorausgesetzt, nicht analysiert oder hinterfragt. Nun hinterfragte Stein ihre eigene Identität und den Wert ihres Schreibens. In dem langen Text von 1934, *Four in America (Vier in Amerika)*, untersucht sie anhand von vier amerikanischen Persönlichkeiten, was Identität und Popularität bedeuten und wie sie sich gegenseitig bedingen. Der Schriftsteller Henry James, der Flugpionier Wilbur Wright, der General des amerikanischen Unabhängigkeitskrieges und spätere Präsident George Washington, und der General des Bürgerkriegs Ulysses S. Grant, die alle als *genial* und als *populär* zugleich galten, sind die vier historischen Gestalten, die Anlaß geben für eine lange Meditation über Privatheit und Öffentlichkeit, über Selbstwahrnehmung und Publikumswahrnehmung, über Einsamkeit und Popularität. Gertrude Stein analysiert, welche Rolle die Identität dieser Gestalten für ihre Popularität spielte und wie die Popularität auf ihre Identität zurückwirkte. Sie spekuliert, wie es gewesen wäre, wenn Henry James General geworden wäre, Washington Schriftsteller, Wright Maler, Grant Priester, und versucht aus ihren Lebensläufen die Charakterzüge zu destillieren, die sie ausmachten. Ob Popularität und Genialität zusammenhängen, ob erst die öffentliche Anerkennung Genialität verleiht oder ob Genialität von der Bestätigung durch Publikum und Kritik unabhängig ist, sind die Themen dieses Textes. *I am I not any longer when I see. / This sentence is at the bottom of all creative activity. / It is just the opposite of I am I because my little dog knows me.*[149] In Inhalt und Stil war *Vier in Amerika* hermetisch wie die Texte vor der *Autobiographie* und nicht geeignet, Gertrude Steins gerade erst gewonnenem Publikum ihr Werk näherzubringen. Aber damit löste sie sich von der Vorstellung, die sie seit dem Erfolg der *Autobiographie* quälten: den Geschmack des Publikums befriedigen zu müssen. Und sie überwand ihre Identitäts- und Schreibkrise. Sie kam zu dem Schluß, daß Genialität vom Publikumserfolg unabhängig sei und daß Popularität die Identität nicht verändere. Erst jetzt fing Gertrude Stein an, ihren Erfolg auszukosten und die Rolle, die ihr die Öffentlichkeit zuschrieb, mit Gelassenheit zu spielen.

Ihre neue Selbstgewißheit verstärkten die aufmunternden Nachrichten aus New York, wo sich Virgil Thomson um eine Produktion der Oper *Vier Heilige in drei Akten* bemühte. Nachdem der beliebte amerikanische Dirigent Alexander Smallens versprochen hatte, die Oper zu dirigieren, fing Thomson an, eine Produktion für Anfang 1934 in Hartford zu planen. Er engagierte den jungen englischen Choreographen Frederick Ashton und suchte ein Ensemble zusammen. Nachdem er einige der mondänen schwarzen Clubs besucht hatte, beschloß Thomson, ausschließlich schwarze Schauspieler und Sänger zu verpflichten, und ließ im Keller der Saint Philip's Episcopal Church in Harlem vorsprechen und -singen. Stein war zuerst zurückhaltend. *Deine Schwarzen mögen so viel besser singen und skandieren als weiße Künstler*, schrieb sie an Thomson, *aber ich mag nicht den Gedanken, die schwarzen Körper zu zeigen. Es ist von jener Art, die modernistische Schriftsteller «futuristisch» nennen.*[150] Aber sie überließ Thomson die endgültige Entscheidung. Als er das Ensemble zusammengestellt hatte, überredete er den jungen John Houseman, die Regie zu übernehmen, und Florine Stettheimer, eine gefragte und mondäne Dekorateurin, Bühnenbild und Kostüme zu entwerfen. Die Proben fanden in der Kirche in Harlem statt, und obwohl niemand aus der Theater- oder Musikszene New Yorks den Weg dahin fand, drangen Gerüchte über die Inszenierung in die Presse. Als die Premiere nahte, waren alle Vorstellungen ausverkauft, und die New Haven Railroad, die lokale Eisenbahngesellschaft, mußte zwischen New York und Hartford zusätzliche Züge einsetzen, um die Opernbesucher zu befördern. Der Broadway-Produzent Henry Moses bot an, die Oper nach den für Hartford vorgesehenen Vorstellungen am Broadway herauszubringen, und eine Schar von Musikkritikern nahm Kurs auf Hartford. Die Zeitung «New York Sun» schickte Henry McBride, einen früheren Freund von Gertrude Stein, der über Generalprobe und Premiere berichtete.

Am 8. Februar 1934 fand die Premiere von *Vier Heilige in drei Akten* im Avery Memorial Auditorium des Wadsworth Athenaeum in Hartford statt, an einem Ort, der schon in die Annalen der Moderne eingegangen war, als er 1931 die erste Ausstellung des Surrealismus in Amerika beherbergt hatte. Die Premiere und alle Vorstellungen waren ein Riesenerfolg. Nach sechs ausverkauften Abenden ging die Produktion nach New York, wo am 20. Februar 1934 die Premiere vor einem ausverkauften Haus stattfand. Die New Yorker Schickeria gab sich ein Stelldichein, und im Publikum waren, unter ehemaligen Besuchern der Rue de Fleurus wie George Gershwin und Paul Bowles, auch musikalische Größen wie Arturo Toscanini. Musik und Text gaben viel Gesprächsstoff ab. Thomsons Partitur wurde im allgemeinen gelobt, und der Tadel und die gelehrte Auseinandersetzung über moderne Musik trugen noch mehr zur Öffentlichkeit der Produktion bei. Aus seiner Randposition als moderner Komponist trat Thomson ins Rampenlicht und wurde berühmt.

Selbst überaus erfreut über den ungeahnten Erfolg, widmete er Gertrude Stein eine Klaviersonate für die weißen Tasten (Piano Sonate Nr. 3): «Für Gertrude zum Improvisieren am Piano»[151]. Die Oper blieb monatelang Thema der New Yorker Zeitungen und wurde auch in der Presse der Westküste erwähnt. In Manhattan hingen überall Plakate, und das Kaufhaus Gimbel's reservierte ein ganzes Schaufenster für die Opernwerbung. In Fotos, die ihr Van Vechten schickte, konnte Gertrude Stein ihren Namen in großen Neonbuchstaben am Vordach des 44th Street Theatre sehen. Es gab Berichte über das Ensemble und über das Produktionsteam, und es gab Kalauer und Wortspiele mit dem Operntitel: Das Kaufhaus Macy's präsentierte seine Herbstkollektion unter dem Titel «Four Suits in Three Acts» («Vier Anzüge in drei Akten»); einige der Nonsense-Sätze des Textes, zum Beispiel *pigeons on the grass alas*, wurden durch das häufige Zitieren in Berichten und Rezensionen zu stehenden Wendungen. Der Kritiker Clifton Fadiman nannte Gertrude Stein «The Mama of Dada» – eine Bezeichnung, die ihr einige Zeit anhing. Sie galt zwar immer noch als eine schwierige Dichterin, aber die amerikanischen Theaterbesucher waren ebenso hingerissen wie zwei Jahre zuvor die Leser der *Autobiographie von Alice B. Toklas*. Und wie die *Autobiographie* war auch *Vier Heilige* ein finanzieller Erfolg.

Wie schon die Tantiemen für die *Autobiographie* gab Stein das Geld, das sie jetzt einnahm, schnell wieder aus. Da die Bewältigung des Alltags durch die Investitionen, die Michael Stein getätigt hatte, gesichert war, erlaubte sich Stein mit den Honoraren einige aufwendige Ausgaben. Statt der einen Hausangestellten wurde in der Rue de Fleurus ein Ehepaar engagiert; ein Telefon wurde installiert, und auch das Haus in Bilignin erhielt kurz danach Telefon. Die beiden Hunde bekamen speziell für sie entworfene Leinen, und mit den elegant angeleinten Hunden fuhren Alice B. Toklas und Gertrude Stein in ihrem neuen Ford nach Bilignin, wo sie den Sommer verbrachten. Bei der Ankunft in Bilignin tauchte der Offizier, von dem sie das Haus übernommen hatten, auf, verlangte Geld und wollte einige der Möbel und vor allem das Klavier mitnehmen. *Er wollte das Klavier und ich improvisiere gerne auf einem Klavier ich spiele gerne eine Sonatine nach der anderen immer auf den weißen Tasten.*[152] Mit Hilfe eines Notars wurde der Streit beigelegt, und es kehrte wieder Ruhe ein. Gertrude Stein schrieb wieder regelmäßig und unternahm lange Spaziergänge. Immer wieder wurde die Ruhe des Landlebens durch Besuche von Freunden und Bewunderern gestört, und täglich kamen neue Nachrichten aus Paris und New York. William Bradley, der viele expatriierte amerikanische Schriftsteller vertrat, hatte schon angefangen, für Gertrude Stein eine Vortragsreise durch Amerika zu organisieren, und versuchte nun, sie dazu zu überreden. Aber das Programm, das Bradleys Partner in Amerika zusammengestellt hatte, gefiel ihr und besonders Alice B. Toklas nicht. Als Bradley insistierte, machte Stein schließlich zur Bedingung, daß

Das 44th Street Theatre am Broadway, 1934

er einen Verleger für ihr umfangreiches unveröffentlichtes Werk finden müsse. Als er dies nicht versprechen konnte, stellte Gertrude Stein sich zunächst stur. Aber der Druck, nach Amerika zu reisen, wurde immer größer. Carl Van Vechten kam aus New York und machte unzählige Fotos, die er für Werbezwecke verwenden wollte. Bernard Faÿ, der selber öfter in Amerika Vorträge hielt, erklärte ihr, wie wichtig ihre Anwesenheit für die Vermarktung ihres Werks sein könnte. Und ein alter Bekannter aus ihrer Zeit als Helferin während des Ersten Weltkrieges, William Rogers, den sie «Kiddie» genannt hatte, schrieb ihr über ihre Popularität und über den Erfolg der Oper. Rogers, der als Reporter für eine Zeitung in Connecticut arbeitete, plante eine Reise nach Europa, und Gertrude Stein lud ihn ein, sie und Alice B. Toklas zu besuchen. In Bilignin erzählte er den beiden Frauen von Amerika; er erinnerte Stein daran, wie gut sie mit den amerikanischen Soldaten zurechtgekommen sei, und versprach, alles so zu arrangieren, wie die beiden es wünschten, wenn Gertrude Stein sich zu einer Vortragsreise entschlösse. Von seiner Freundlichkeit und seinem Enthusiasmus beeindruckt, versprach sie endlich, die Reise anzutreten.

Während Rogers am Programm arbeitete, begann Gertrude Stein, die Vorträge zu schreiben. Sie verfaßte sechs Texte, in denen sie ihre Gedanken zu Kunst und Literatur und zum Handwerk des Schreibens für ein breites Publikum darlegte: *Was ist englische Literatur?*; *Bilder, Stücke*; *Das allmähliche Entstehen von «The Making of Americans»*; *Porträts und Wiederholung*; *Poesie und Grammatik*. Mit diesen Vorträgen, in denen sie ästhetische Theorie mit immanenter Werkanalyse verband, wollte sie sich dem amerikanischen Publikum als die hermetische Dich-

Alice B. Toklas und Gertrude Stein in Bilignin, Sommer 1934

terin, die sie eigentlich war, empfehlen, nicht als die spritzige Erzählerin der *Autobiographie*. Rogers schrieb sie, als die Vorträge fertig waren, daß sie klar, aber nicht einfach seien. Tatsächlich blieb sie dem «steinigen» Stil treu: grammatisch einfache Sätze wurden durch Wiederholungen zu langen Satzketten, deren Inhalt hinter der Form zurücktrat, und Laut- und Wortspiele unterbrachen immer wieder die Gedankengänge. Bewußt geplant oder nicht, Gertrude Steins Vorträge waren eine Herausforderung an das amerikanische Publikum, auf das sie gespannt war und vor dem sie sich zugleich fürchtete. Auf dem Höhepunkt der Vorbereitungen kam aus New York ein Brief vom Verlag Random House: Bennett Cerf schlug ihr vor, für ihn ihre Autobiographie zu schreiben, versprach, aus ihrem unveröffentlichten Werk jährlich einen Band herauszubringen, und bot ihr an, den Vertrieb der Plain Edition in den USA zu übernehmen. Das sah wie ein richtiger Sieg über all diejenigen aus, die ihre Werke für unlesbar hielten, und es eröffnete ihr zum erstenmal die Möglichkeit, aus der Ecke der experimentellen Literatur herauszukommen. Nun hatte Gertrude Stein richtig Lust auf Amerika. In Bilignin ließ sie sich eine lederne Aktentasche anfertigen, und in Paris kleideten sie und Alice B. Toklas sich neu ein. Am 17. Oktober 1934 schifften sie sich auf der «Champlain» nach Amerika ein. An Bord wurde Stein wie ein Star behandelt, und sie genoß die zehntägige Überfahrt und «das beste Essen, das man sich ausdenken kann».[153] *Es war der Anfang vom Reisen als Berühmtheit und mit allen Vorrechten die damit zusammenhängen. [...] Als Berühmtheiten zahlten wir weniger als den vollen Preis einer kleinen Kabine und wir hatten eine sehr luxuriöse.*[154] Am 24. Oktober landeten die beiden in New York. Der Ausblick vom Deck auf die Freiheitsstatue bewegte sie, aber die New Yorker Skyline beeindruckte Gertrude Stein weniger, als sie erwartet hatte. Während sie noch den Ausblick genossen, kam ein Boot voller Fotografen und Journalisten, darunter auch Rogers, dem Schiff entgegen. An Bord stellte sich Stein deren Fragen und gab knappe, präzise Antworten. «Warum schreiben Sie nicht, wie Sie sprechen?»[155], fragte jemand. *Warum lesen sie nicht, wie ich schreibe?*, antwortete Stein. Vom Schiff aus begrüßte sie New York per Funk und sagte, sie sei gekommen, um ihrem amerikanischen Publikum zu erklären, was Literatur sei. Als sie und Alice B. Toklas schließlich ins Algonquin Hotel fuhren, sahen sie am Times Square die Leuchtschrift, die ihre Ankunft meldete: «Ich sah eine kreisende elektrische Schrift. Sie verkündete, Gertrude Stein ist in New York angekommen. Gertrude Stein ist in New York angekommen.»[156] Im Hotel wurden sie, Gourmande und Gourmet, die sie waren, mit dem amerikanischen Essen konfrontiert. *Nun waren wir also hier und [...] das Essen war feucht [...] sogar das amerikanische Brot. [...] Ich begann alsdann sehr oft honigsüße Melone zu essen [...] und ich aß warmes Brot das heißt Cornmuffins, die waren feucht.*[157] Aber von da an probierten sie alles, was

Ankunft in New York, 24. Oktober 1934

ihnen als «amerikanisch» angepriesen wurde, und während der ganzen Reise sammelte Toklas Rezepte für ein Kochbuch, das sie schreiben wollte. Die beiden versuchten, das New Yorker Leben zu leben. Sie gingen in den Straßenschluchten von Manhattan spazieren und bewunderten die Architektur der Wolkenkratzer. In den Schaufenstern der Buchhandlungen lagen die Bücher Gertrude Steins aus, und ihr Foto prangte auf den Titelseiten der Zeitungen; sie gab Interviews, sprach im Radio und wurde für die Wochenschau gefilmt; ihre Kleidung (schwere Tweedstoffe, eine Art Jagdhut und Golfschuhe) wurde bis in alle Einzelheiten beschrieben, und es wurde über die Rolle von Alice B. Toklas spekuliert: Sie wurde die «Sibylle von Montparnasse» und «die Hohepriesterin der Rive Gauche» genannt. Viele Meldungen und Schlagzeilen waren in Varianten des «steinigen» Stils verfaßt, wie «Gerty Gerty Stein Stein Is Back Home Home Back»[158]. Immer wieder zitierten die Journalisten Sätze aus ihrem Werk, die sie zufällig aufgeschnappt hatten, und immer wieder zitierten sie falsch. Aber richtig oder nicht, ihre Sätze erreichten ein breites Publikum. Die Aufmerksamkeit der Presse trug auch dazu bei, daß die Nachfrage nach Eintrittskarten zu ihren Vorträgen groß war. Am Tag vor dem ersten Vortrag verlor Gertrude Stein die Stimme; ein HNO-Facharzt, den sie auf dem Schiff kennengelernt hatte, wurde zu Hilfe gerufen und behandelte sie. Der Vortrag konnte stattfinden. Das Museum of Modern Art, das den Abend organisiert hatte, stellte ihr – New Yorker Geläufigkeiten entsprechend – eine Limousine zur Verfügung, aber Gertrude Stein und Alice B. Toklas beschlossen, die mehr als zweiundzwanzig Blocks von der 44th Street zum Colony Club an der Kreuzung Park Avenue und 66th Street zu Fuß zurückzulegen. Pünktlich um 9 Uhr betrat Gertrude Stein die Bühne: Ihr weites braunes Kleid aus grober Seide, ihre flachen plumpen Schuhe, ihre kurzen Haare standen in deutlichem Gegensatz zu der eleganten Garderobe des Publikums, das hauptsächlich aus Leuten, die das Museum unterstützten, und Persönlichkeiten der Kunstszene bestand. An diesem ersten Vortragsabend sprach Stein denn auch über *Bilder*. Sie führte ihre eigene intellektuelle Entwicklung aus und sprach von den ersten Bildern, die sie gesehen hatte; von den Malern, von denen sie in den europäischen Museen am meisten beeindruckt worden war; von der Wirkung, die Natur auf sie ausübte, und jener, die Kunst ausüben kann; von der allgemeinen ästhetischen Schwierigkeit der Darstellung und von den Veränderungen, die die Moderne gebracht hatte; von den künstlerischen Möglichkeiten des Dichters und jenen des Malers; von der Struktur eines Bildes und jener eines narrativen Textes. *Die Vorstellung eines Malers von Handlung hat immer mit etwas anderem, das sich bewegt, zu tun, als mit dem Zentrum des Bildes. Das ist genau das Gegenteil von der Vorstellung eines Schriftstellers, wonach alles ruhig sein kann, außer dem Zentrum, das sich bewegen muß. Und darum kann ein Maler nicht wirklich schreiben und ein Schriftsteller nicht wirklich malen, nicht einmal mittelmäßig.*[159] Der Vortrag war, trotz der langen Sätze und der rein assoziativen Art ihrer Verknüpfung, ein Erfolg. Wie schon früher bei ihren Auftritten in England gelang es ihr, das Publikum zu verwirren und zugleich zu fesseln. So war der Andrang zu ihrem zweiten Vortrag in der Columbia University noch größer, als sie über *Das allmähliche Entstehen von «The Making of Americans»* sprach. Vor über tausend Zuhörern erklärte sie die Struktur des Romans und die Besonderheit ihrer sprachlichen Experimente, indem sie ausgiebig aus dem Buch zitierte. Nicht zuletzt versuchte sie, für die amerikanische Ausgabe der gekürzten Fassung von *The Making of Americans*, die gerade bei Hartcourt, Brace erschienen war, zu werben.

Einen Monat blieben Gertrude Stein und Alice B. Toklas in New York. Sie wurden häufig eingeladen und führten ein mondänes Leben. Sie trafen sich mit Alfred Hartcourt und besuchten den Verlag. Sie besuchten auch die Redaktion der Intellektuellen-Zeitschrift «The New Yorker» und lernten den Weltmann und Kritiker Alexander Woollcott kennen. Sie trafen sich mit George Gershwin, der ihnen seine neue Oper «Porgy and Bess» am Klavier vorspielte, und sie besuchten Alfred Stieglitz in seiner Galerie. Anfang November fuhren sie mit Hartcourt für ein Wochenende nach Connecticut, wo sie sich eins der wichtigsten Football-Spiele der Saison zwischen Yale und Dartmouth College ansahen. Dann flogen sie mit Carl Van Vechten nach Chicago, wo inzwischen *Vier Heilige in drei Akten* im Auditorium Theatre spielte. Der Flug von New York nach Chicago war für Gertrude Stein, die zunächst ängstlich gewesen war, etwas sehr Aufregendes, und sie genoß den Blick aus großer Höhe. *Damals geschah es irgendwie daß ich zu wissen begann wie der Erdboden ausschaut. Quadratische Parzellen ergeben ein Bild. […] Es ist so seltsam daß die Linien gezogene Linien auf Papier sind, ich kann nicht aufhören mich über die Art zu freuen wie die gezogenen Linien einen Staat vom anderen trennen […] sie gibt mir immer einen Freudenschock die amerikanische Karte und ihre geraden Linien.*[160] Weniger erfreulich als der Flug war der Theaterbesuch in Chicago, denn Gertrude Stein fand, daß die aufwendige Inszenierung von ihrem Text ablenkte. *Ich war weniger aufgeregt als ich erwartet hatte. Es war meine Oper aber es war so weit weg*[161]. In Chicago sahen die beiden Thornton Wilder wieder. An einem regnerischen Abend machten sie eine nächtliche Stadtrundfahrt in einem Streifenwagen der Polizei. Zurück in New York genossen Gertrude Stein und Alice B. Toklas wiederum die Aufmerksamkeit der Presse und der einflußreichen gesellschaftlichen Kreise. «Jahrelang hatte ihr Name das Gespräch der Gebildeteren geziert, aber jetzt auf einmal war er in aller Munde.»[162] Diese Popularität hatte keinen Einfluß auf den Verkauf ihrer Bücher. Zwar stand die Ausgabe der *Drei Leben* in der Reihe «Modern Library» für kurze Zeit gleich nach dem Erscheinen auf der Bestsellerliste, aber sonst war das Interesse an ihrem Werk ungleich geringer als das an ihrer Person. Die realistische Tradition der amerikanischen Literatur verhinderte, daß sie in Amerika als Dichterin ernst genommen wurde, und es war eher das Bedürfnis nach Unterhaltung, was sie zum

Gertrude Stein mit Carl Van Vechten, New York, 1934

Star machte. Als Star flog und fuhr Gertrude Stein in der Begleitung von Alice B. Toklas kreuz und quer durch Amerika, von der Ost- zur Westküste, von St. Paul nach Dallas.

Sie verbrachten Heiligabend 1934 mit den Fitzgeralds in Baltimore; sie besuchten Sherwood Anderson, erst in Minnesota und dann in New Orleans; sie wurden im Weißen Haus empfangen und tranken Tee mit Eleanor Roosevelt. *Wir waren die einzigen Teegäste, wir gingen in den*

Gertrude Stein und Alice B. Toklas bei der Ankunft in Chicago, 1934

Signierstunde in einer Buchhandlung in Chicago

oberen Stock, nicht hinunter und in einem Korridor tranken wir Tee in einem Korridor der ein Saal war. Mrs. Roosevelt war da und schenkte uns Tee ein.[163] In Los Angeles mieteten die beiden ein Auto und fuhren zum Yosemite-Park, nach Monterey, zum San Joaquin-Tal, wo Alice B. Toklas' Großvater sich zuerst niedergelassen hatte, nach Oakland, wo Gertrude Stein aufgewachsen war, nach San Francisco, wo beide als junge Frauen gelebt hatten. Bei einem großen Fest in Hollywood diskutierte Stein mit Dashiell Hammett über das Schreiben von Detektivromanen und lernte Charlie Chaplin kennen. «Die Regisseure versammelten sich um Miss Stein und sagten, Wir möchten wissen, wie Sie es zu solcher Popularität bringen konnten, und sie sagte, Indem ich ein kleines Publikum habe.»[164] Ihr Lesepublikum war zwar klein, aber ihre Auftritte zogen überall eine große Zuhörerschaft an. In Universitäten, privaten Klubs oder Lesezirkeln sprach sie in ihrem redundanten Stil über moderne Literatur und ihre Beziehung zur modernen Kunst, über die amerikanische Literatur und ihre Beziehung zur englischen Literatur, über amerikanische Mobilität und englische Stabilität. Überall gab es Berichte in der

Presse über ihre Vorträge, und überall gelang es ihr, ihr Publikum für sich zu gewinnen. Einer der letzten Vorträge fand an der University of California in Berkeley statt, wo ihr beim Mittagessen die gleiche Frage gestellt wurde wie bei der Ankunft in New York: warum sie nicht schreibe, wie sie spreche. *Wenn Keats zum Mittagessen eingeladen worden wäre, und man stellte ihm eine einfache Frage, würde man erwarten, daß er mit der «Ode an die Nachtigall» antwortete?*[165] Ende April flogen Gertrude Stein und Alice B. Toklas über Chicago nach New York zurück. Gertrude Stein hatte auf ihre Weise Amerika entdeckt und erobert, und am 4. Mai 1935 schifften sich die beiden wieder auf der «Champlain» ein. Auf dem Schiff ließen sie sich die Zukunft lesen, und die Wahrsagerin prophezeite Gertrude Stein anhaltenden Erfolg und Alice B. Toklas eine neue Karriere. Tatsächlich hatte Toklas viele Rezepte gesammelt, die sie mit den alten Rezepten der Brillat-Savarins aus Bilignin zu einem Kochbuch zusammenstellen wollte. Aber für eine zweite Karriere gab es im Haushalt der beiden keinen Platz, und Alice B. Toklas' Kochbuch blieb, wie ihr Sticken, eine Nebenbeschäftigung. Die Rückreise nach Frankreich verlief ohne Zwischenfälle. *Auf der Champlain war es nicht aufregend, natürlich wurden wir noch gefeiert aber wir hatten bald den Ozean überquert und waren wieder zurück.*[166] Am 12. Mai 1935 kamen sie in Paris an.

Die Stadt erschien Gertrude Stein verändert, und sie selbst war verändert durch ihre amerikanischen Erfahrungen. In einem Interview, das sie kurz nach der Rückkehr in Paris einem amerikanischen Journalisten gab, erklärte sie, sie hätte schon Heimweh und würde bald wieder nach Amerika fahren. Aber es waren ihr Bruder Michael Stein und seine Frau Sally, die tatsächlich nach Amerika zurückkehrten: Sie packten ihre Sachen und ihre Sammlung und verließen für immer das Haus, das Le Corbusier 1927 in der Vorstadt Garche für sie gebaut hatte. Nach dreißig Jahren in Paris zogen sie nach San Francisco, wo Michael 1938 starb. Trotz ihrer Begeisterung für Amerika konnte Gertrude Stein die Entscheidung ihres Bruders nicht nachvollziehen, war doch Paris für sie immer noch der intellektuelle Ort, wo Kunst und Leben sich begegneten. Michael Steins Rückkehr nach Amerika bedeutete aber auch den Verlust der letzten Bindung an ihre Familie und machte ihr die existentielle Einsamkeit bewußt, die sie zwar literarisch bearbeitet, aber nie selbst erlebt hatte. Vielleicht versuchte sie auch deshalb, alte Freundschaften wiederaufzunehmen. Sie traf sich wieder mit Picasso, den sie etwa zwei Jahre lang nicht gesehen hatte, nachdem sie aus der *Autobiographie* vorgelesen und er die Geschichte für erlogen gehalten hatte. Inzwischen verkehrte Picasso in dem Surrealisten-Kreis um Cocteau, und nach seiner schwierigen Scheidung von Olga malte er kaum noch, sondern hatte begonnen, Gedichte zu schreiben. Picassos surrealistischen Gedichten, Porträts und Stücken konnte Gertrude Stein nichts abgewinnen, und sie fühlte sich in ihrer Meinung bestätigt, daß Malen und Schreiben ganz verschiedene ästhetische Einstellungen verlangten. Von ihrem Desinteresse an seiner Dichtung war Picasso zunächst verletzt, aber ihr Vertrauen in sein Talent als Künstler könnte ihm über die Krise als Maler hinweggeholfen haben. Gertrude Steins Stimmung dagegen blieb düster.

Vielleicht war die Abfahrt Michael Steins dafür verantwortlich, vielleicht brauchten Gertrude Stein und Alice B. Toklas nach der langen Reise durch Amerika Erholung – auf jeden Fall hielten sie sich nur kurz in Paris auf und fuhren schon bald nach Bilignin, wo sie mit einem Dorffest empfangen wurden. Als sie sich nach der langen Abwesenheit wieder eingerichtet hatten, fingen sie an, Dankesbriefe nach Amerika zu schreiben und die Post, die in der Zwischenzeit in der Rue de Fleurus eingegangen war, zu sichten und zu beantworten.[167] Aber das ruhige Dorfleben von Bilignin wurde durch die Ankunft eines Regiments von 2500 Reservisten gestört, und nur durch viele Interventionen bei hohen Verwaltungsstellen gelang es Gertrude Stein, die 25 Soldaten, die inzwischen in ihrer Scheune untergebracht worden waren, wieder auszuquartieren. Dann stellten sich wieder Besucher ein. Vor allem der Besuch Thornton Wilders freute Gertrude Stein, denn sie war begierig, über Amerika zu reden und ihre Einschätzung der amerikanischen Kulturszene, des «American way of life», des amerikanischen Verhältnisses zur Öffentlichkeit und der Beschäftigung mit Berühmtheiten mitzuteilen. Die Überlegungen zu Amerika und seiner Kultur, zu Identität und Berühmt-

Thornton Wilder und Gertrude Stein in Bilignin, Sommer 1935

heit faßte sie gegen Ende des Sommers 1935 zusammen: das Buch erschien 1936 unter dem Titel *The Geographical History of America or the Relation of Human Nature to the Human Mind (Die geographische Geschichte von Amerika oder die Beziehung zwischen der menschlichen Natur und dem Geist des Menschen)* mit einem Vorwort von Thornton Wilder. Darin erklärt dieser, das Buch handele von Identität und von der Bedeutung der Identität für die schöpferische Kraft. Die menschliche Natur stehe bei Stein für Identität; der Geist des Menschen habe keine spezifische Identität, er sei der Ort der schöpferischen Kraft. Es sei der Geist des Menschen, der die Meisterwerke der Weltliteratur hervorbringe, und ein Großteil des Buchs beschäftigt sich mit dem Prozeß künstlerischer Produktion. «Ein Ziel des Buchs ist offensichtlich, einfache Ideen deutlich zu erklären», schreibt die Literaturwissenschaftlerin Randa Dubnick. «Viel von dem, was Stein hier schreibt, kann als diskursive, darstellende Prosa bezeichnet werden.»[168] Der Haupttitel, *Die geographische Geschichte von Amerika*, verweist auf Gertrude Steins Theorie, wonach die Schöpfungen des menschlichen Geistes von den geographischen Bedingungen abhängen, unter denen der Autor gelebt hat. Aber das Buch ist kein philosophisches Gedankengebäude, sondern eine Zusammenstellung von Reflexionen, Aphorismen und Fragmenten von Erzählungen, die in einem hermetischen Stil voller Wiederholungen und nicht immer nachvollziehbarer Metaphern formuliert sind. «Miss Steins Stil in diesem Buch», schreibt Wilder, «kann als eine Folge von metaphysischen Metaphern beschrieben werden»[169]. Eigentlich mischt *Die geographische Geschichte* Stile aus allen Phasen des Werks von Gertrude Stein: Es gibt lange Sätze, deren Struktur an die Sätze in *The Making of Americans* erinnert, aber wie in *Zarte Knöpfe* sind die «-ing-Partizipien» verschwunden, und wie in den Porträts erweitern Wortspiele das Vokabular. «Obwohl kein philosophischer Text», urteilt William H. Gas, ist dieser Text «philosophisch gesehen ihr wichtigster»[170]. So wichtig er innerhalb des Steinschen Werks sein mag, ein Erfolg war er nicht.

Aber Gertrude Stein hatte inzwischen einen Grad der Bekanntheit erreicht, den nicht einmal die Hermetik ihrer Texte gefährden konnte. Sie wurde wieder nach Oxford und Cambridge eingeladen, wo sie im Januar 1936 den Vortrag *Was sind Meisterwerke und warum gibt es so wenige?* hielt. In London lernte sie Lord Gerald Berners kennen, der, selber Komponist, eine wichtige Person in der englischen Musikszene war und sich für ihre vertonten Texte interessierte. Nach einem kurzen Aufenthalt in Cornwall verließ Stein England mit dem Versprechen Berners', ihren Text *They Must. Be Wedded. To Their Wife* vertonen und inszenieren zu lassen. Aber ihre Stimmung wurde schon bald nach der Ankunft in Paris trüber. Denn der Bürgerkrieg in Spanien, die Gewaltherrschaft der Nazis in Deutschland und der Totalitarismus in der Sowjetunion waren Gesprächsthemen auch in den literarischen Kreisen, und es breitete sich die Angst vor einem neuen Krieg aus. In Briefen und Interviews beteuerte Stein, daß Europa zu klein für einen Krieg sei, und in einer Folge von vier Artikeln, die im Sommer 1936 in «The Saturday Evening Post» erschienen[171], machte sie die Kluft zwischen wirtschaftlichem Denken und gesundem Menschenverstand für die schlechten Verhältnisse verantwortlich. Ihre Gedanken zur wirtschaftlichen und politischen Lage nahmen die Zeitungsleser nicht ernst, aber die Stein-Leser hielten ihre pragmatische Behandlung des Themas Geld und ihr Mißtrauen gegenüber der Politik des New Deal für konservativ, manche sogar für reaktionär. Tatsächlich läßt sich aus ihren Äußerungen keine eindeutige politische Meinung herauslesen, die ästhetische Revolutionärin war in ihrem unpoetischen Leben eher bürgerlich und konventionell.

Paradoxerweise wurde sie, während ihr Ruf in den künstlerischen Kreisen verblaßte, in der Öffentlichkeit immer gefragter. So wurde Gertrude Stein in die Jury gewählt, welche die Bilder für die während der Weltausstellung 1937 im Petit Palais stattfindende Kunstausstellung aussuchte, und es gelang ihr, zwei Gemälde von Picabia durchzusetzen. Zum erstenmal fungierte sie als Jurorin und trat sozusagen als offizielle Kunstkritikerin auf. Schon seit längerer Zeit hatte sie eigentlich keine Verbindung mehr zu den Pariser Künstlerkreisen, und sie kaufte nur noch sehr selten Bilder. Die Entwicklungen zum Dadaismus, Surrealismus und Futurismus hatte sie nicht mitvollzogen, ihre Sammlung blieb beispielhaft für die inzwischen überwundene und zur Klassik gewordene Moderne.

Ihre Tätigkeit als Jurorin und eine weitere Reise nach London, wo sie im April 1937 der Premiere ihres Balletts *A Wedding Bouquet* beiwohnte, unterbrachen die literarische Arbeit. Die allgemeine Stimmung in London war weniger gedrückt als in Paris, Hauptgesprächsthema waren Wallis Simpson und ihre Heirat mit dem abgedankten englischen König Eduard VIII. Gertrude Stein und Alice B. Toklas genossen die Aufmerksamkeit der Londoner Öffentlichkeit und die vielen Gesellschaften, die für sie gegeben wurden. Cecil Beaton bat Gertrude Stein, für ihn Modell zu sitzen, und machte mehrere Fotos von ihr. Auch das Ballett *The Wedding Bouquet*, das auf Steins Text *They Must. Be Wedded. To Their Wife* beruhte, fand Beifall. Stein lernte Ninette de Valois, die Produzentin des Balletts, und Frederick Ashton, der schon *Vier Heilige in drei Akten* inszeniert und auch das Ballett choreographiert hatte, ebenso kennen wie die Stars der Aufführung, Margot Fonteyn und Robert Helpmann.

Wieder in Paris, konzentrierte sich Gertrude Stein auf das autobiographische Buch, das sie Bennett Cerf versprochen hatte. Aber der Alltag brach in die literarische Arbeit ein, denn der Vermieter des Hauses 27, Rue de Fleurus, in dem sie nun seit fünfunddreißig Jahren wohnte, kündigte den Mietvertrag. «Der Vermieter gab den Pavillon seinem Sohn, der heiraten wollte. Wir dachten, es fiele uns schwer wegzuziehen, aber das stimmte nicht. Wir fanden eine neue Wohnung in der Rue Christine,

Gertrude Stein. Foto von Cecil Beaton

eine langweilige dunkle, kurze Straße. [...] Als wir die kleine Straße sahen, hatten wir Zweifel, aber als wir die Wohnung sahen, waren wir begeistert. So zogen wir in der Rue Christine ein.»[172] Diese kleine Straße, in der die eigenwillige schwedische Königin Christine im 17. Jahrhundert ihre Pariser Residenz gehabt hatte, war durch Apollinaires Gedicht «Montag Rue Christine» schon in die Literaturgeschichte eingegangen.

Die neue Wohnung, 5, Rue Christine, lag um die Ecke von Picassos Atelier in der Rue des Grands Augustins im ersten Stock über der Werkstatt eines Buchbinders. Bald sah diese Wohnung wieder wie eine Art Haushalt mit Museum aus. Durch eine Außentreppe gelangte man in einen kleinen Flur, der in ein quadratisches Foyer führte. An den Wänden hingen japanische Drucke und Gemälde Picassos aus der ersten kubistischen Periode. Von diesem Foyer führte ein Flur zum Schlafzimmer und ein anderer zu einem Wohnzimmer, das mit Möbeln vollgestellt war. Überall standen kleine dekorative Objekte aus Holz und Glas, und die Wände waren mit Bildern behängt. Gertrude Stein und Alice B. Toklas gewöhnten sich schnell an die neue Wohnung, und auch die Besucher kamen bald wieder. Zu den jungen Schriftstellern, die wieder Gertrude Steins Rat suchten, zählte der schwarze Autor Richard Wright, der ihr aus seinem ersten Roman vorlas, «Sohn dieses Landes», der bei seiner Veröffentlichung 1940 zu einer literarischen Sensation werden sollte. Schnell fand Gertrude Stein ihre Alltagsroutine wieder – lange Spaziergänge am Nachmittag, Besuche machen und empfangen am Abend, bis spät nachts schreiben, lange ausschlafen –, und sie nahm ihre schriftstellerische Arbeit wieder auf, die sie wegen des Umzugs unterbrochen hatte.

Im Jahr 1937 erschien bei Random House in New York ihre Autobiographie unter dem Titel *Everybody's Autobiography (Jedermanns Autobiographie)*. Darin knüpft Stein an die Handlung in der *Autobiographie von Alice B. Toklas* an und erzählt vom Erfolg dieses Buchs und von ihrer Reise durch Amerika. Die assoziative Erzählweise des neuen Buchs wird schon im Vorwort eingeführt, und sie bestimmt die Struktur des ganzen Textes. Zwar hatte Stein in der *Autobiographie von Alice B. Toklas* gelernt, eine kurze Handlung bis zu ihrem Ende zu verfolgen, aber in diesem Buch erliegt sie ständig ihrer Neigung zu Nebenhandlungen. So dringt die Aktualität immer wieder in den Text ein, die Erzählzeit durchdringt die erzählte Zeit. Die Klarheit und die ironische Einfachheit der Erzählerstimme aus der *Autobiographie*, Alice' Stimme, ist ersetzt durch eine weitschweifige und geschwätzige Erzählerstimme, diejenige von Gertrude Stein selber. *Jedermanns Autobiographie* konnte den Erfolg der *Autobiographie von Alice B. Toklas* nicht wiederholen. Immerhin erregte das Buch in Washington die Aufmerksamkeit der Bundespolizei, und kurz nach Erscheinen legte Edgar J. Hoovers «Federal Bureau of Investigation» eine Geheimakte über Gertrude Stein an. Darin wurde vermerkt, daß sie nicht sehr patriotisch sei, denn sie lebe schon sehr lange außer Landes, und daß sie gegen die Politik Roosevelts eingestellt zu sein scheine. Aber auch außerhalb des FBI waren die meisten Reaktionen auf *Jedermanns Autobiographie* ungünstig, und das Buch verkaufte sich schlecht.

Ein größerer kommerzieller Erfolg war ein Essay über Picasso. Ursprünglich auf französisch geschrieben, war er im März 1938 von der

Pablo Picasso in seinem Atelier, Rue des Grands-Augustins 7, 1938

Librairie Floury veröffentlicht worden; eine englische Ausgabe erschien im Oktober bei B. T. Batsford, eine amerikanische folgte 1939 bei Scribner's. Bennett Cerf, der die schwierigeren Texte von Stein veröffentlicht hatte, war entsprechend verärgert, daß das besser verkäufliche Buch bei einem anderen Verlag erschien. Tatsächlich setzte Scribner's etwa 8000 Exemplare des *Picasso* ab, wobei das Thema dem Verkauf mindestens so förderlich gewesen sein dürfte wie die Autorin, denn Picasso galt schon damals als einer der bedeutendsten Maler des 20. Jahrhunderts. In ihrem Essay verband Gertrude Stein Erinnerungen an Picasso mit Anekdoten aus ihrer langen Freundschaft mit ihm und setzte dem spanischen Charakter den amerikanischen gegenüber, wobei für «Spanien» Picasso und für «Amerika» Gertrude Stein selber steht. Ihr *Picasso* ist kein herkömmlicher biographischer Essay, obwohl die wichtigsten Ereignisse im

Leben Picassos erwähnt werden; es ist auch keine herkömmliche kunstkritische Studie, obwohl einige seiner Gemälde abgebildet wurden; es ist ein erneuter Versuch Gertrude Steins, Kreativität und Genie zu definieren. Gerade diese Mischung aus Erinnerung, Anekdote, Analyse und Reflexion trug zum Erfolg des Buches bei.

Zu einem richtigen Verkaufserfolg wurde ein anderes Buch, das Kinderbuch *The World Is Round (Die Welt ist rund)*, das 1939 im New Yorker Verlag Young Scott Books veröffentlicht wurde. Dieser Verlag war als einer der ersten Kinderbuchverlage überhaupt erst ein Jahr zuvor gegründet worden und hatte sich zum Ziel gesetzt, Kinderliteratur zur Literatur für Kinder zu machen. So wurden einige bekannte Schriftsteller gefragt, ob sie eine Kindergeschichte schreiben würden. Hemingway und John Steinbeck lehnten ab, Gertrude Stein akzeptierte. In einer Mischung aus Prosa, Reimen und freien Versen erzählte sie die Geschichte des Mädchens Rose, das in der Schule lernt, daß die Welt rund ist, und sich allein auf die Reise macht, um herauszufinden, ob dies stimmt. Im Wald schreibt Rose ihren Namen an einen Baum: *[...] sie würde [...] rundherum immer rundherum aber nicht krumm Rose ist eine Rose ist eine Rose ist eine Rose in die Rinde ritzen bis es ganz rundherum reichte.*[173] Der den Baum umlaufende Schriftzug, der zum meistzitierten Satz Gertrude Steins geworden ist, hat eine symbolische Bedeutung, steht er doch für Roses Selbstfindung. Denn an Rose beschreibt Stein die Identitätssuche und Selbstfindung eines Mädchens. Die Stereotypen des Märchens («Es war einmal» am Anfang und «Wenn sie nicht gestorben sind» am Ende) verknüpft sie mit psychologischen Elementen und Elementen der Kinderliteratur (Schule, Freundschaften zwischen Kindern, Tiere als Begleiter, Reise ins Unbekannte) und behält die Merkmale ihres Stils bei.

Ganz diesem Stil verpflichtet ist auch das Stück *Doctor Faustus Lights The Lights*, das sie in der Erwartung schrieb, Gerald Berners würde es vertonen und aufführen. Weder Marlowes noch Goethes Version der Faust-Legende liegen dem Stück zugrunde, sondern vielmehr Charles Gounods Oper, die Gertrude Stein in ihrer Kindheit in Paris gesehen hatte. Sie behält nur die Hauptfiguren Faust, Margarete und Mephistopheles. Ihr Faust ist der unzufriedene Erfinder der Elektrizität, eine Art mürrischer Edison, und das Stück ist insofern untypisch für das Steinsche Werk, als es eine traditionelle Handlung und ziemlich kohärente Figuren hat. Wie in *Doctor Faustus* hat Stein auch in den späteren Stücken *Yes Is for a Very Young Man* (1945) und *Mother of Us All* (1946) «wieder Dramenfiguren und eine rudimentäre Story eingeführt und damit die Bildung komplexer semantischer Synthesen ermöglicht»[174]. Obwohl das Stück einfacher als andere Stein-Texte war und sich für eine Vertonung gut geeignet hätte, fand Berners keinen Gefallen daran. Stein verdrängte ihre Enttäuschung mit der Arbeit an einem neuen Buch, das 1939 erschien, *Paris France (Paris Frankreich)*.

Wie schon der Titel suggeriert, beschäftigt sich Stein in *Paris Frankreich* mit Frankreich und dem französischen Charakter und setzt ihnen Amerika und den amerikanischen Charakter entgegen. Hatte sie in *Die geographische Geschichte* die amerikanische Tendenz zur Abstraktion als Beispiel für den menschlichen Geist hervorgehoben, so nahm sie jetzt Frankreich als Beispiel für die glückliche Verbindung zwischen Tradition und der Natur des Menschen. Seit ihrer Reise durch Amerika war ihr Verhältnis zu dem Land, in dem sie geboren wurde, und dem Land, in dem sie lebte, zu einem Thema ihres Schreibens geworden, und *Paris Frankreich* versammelte ihre Gedanken dazu. Es ist sowohl ein Bekenntnis zu Frankreich als auch eine Liebeserklärung an Amerika und ein Versuch über Identität.

Identität ist auch das Thema des Romans *Ida*, den Stein aus einer zwei Jahre alten Erzählung entwickelte und der 1940 veröffentlicht wurde. Der Roman erzählt Idas Leben: ihre Geburt, ihre Jugend, ihre Ehen. Ida zieht ständig herum, heiratet immer wieder und ist immer müde, so daß Erholung zu ihrer Haupttätigkeit wird. Die Orte der Handlung wechseln beliebig von Oakland nach Paris nach Baltimore, und als Figur bleibt Ida charakterlos; die Sprache ist einfach gehalten und die Struktur bruchstückhaft. Aber den Roman durchzieht eine bestimmte Ironie, er ist durchaus unterhaltsam.

Allerdings erschien der Roman in einer Zeit, als die Aufmerksamkeit des Publikums durch das Tagesgeschehen in Anspruch genommen wurde. Hitlers Armee war in Polen einmarschiert, und in Europa herrschte wieder Krieg. Gertrude Stein und Alice B. Toklas überraschte der Krieg in Bilignin. Sie mußten wieder ihre Beziehungen spielen lassen, um besondere Ausweise zu erhalten, die ihnen nach Paris zurückzukehren erlaubten. «In der Rue Christine fingen wir an, die Bilder von den Wänden abzuhängen, um sie vor der Erschütterung durch Bomben zu bewahren. Aber wir stellten fest, daß es weniger Platz auf dem Boden gab als an den Wänden, so daß diese Idee fallengelassen wurde.»[175] Gertrude Stein ordnete ihre Manuskripte, und Alice B. Toklas packte Winterkleidung ein, und nach zwei Tagen fuhren sie wieder nach Bilignin. Zum erstenmal seit ihrer Kindheit verbrachte Gertrude Stein den Winter auf dem Land, und für eine Weile genoß sie die Schneelandschaft und das Holzhacken. Aber dann wurde diese Idylle durch die abrupte Kündigung des Mietverhältnisses in Bilignin abgebrochen. «Wir wurden hinausgeworfen aus unserem Haus in Bilignin. Die französische Armee wurde aufgelöst und der Besitzer hatte keinen anderen Platz, seine Familie unterzubringen.»[176] Freunde warnten sie, die Lage sei prekär, und es wäre ratsam, das Land zu verlassen. Die Rückkehr nach Amerika schien eine Möglichkeit zu sein, aber die beiden blieben vorerst in Bilignin, 1943 zogen sie nach Culoz. «Jetzt wurde uns geraten, wie schon früher, Frankreich zu verlassen, in die Schweiz zu gehen. Wir entschie-

Am Schreibtisch in Bilignin. Foto von Cecil Beaton

den uns dagegen.»[177] Tatsächlich waren Gertrude Stein und Alice B. Toklas in relativer Sicherheit, denn sie hatten Beziehungen zu den Spitzen der örtlichen Verwaltung und Freunde, die der Vichy-Regierung wie auch den Deutschen nahestanden, die am 10. Juni 1940 Paris besetzt hatten. «Paris ist jetzt die Hauptstadt der Vorhölle. Es ist eine wundervolle französische Stadt an den Ufern der Seine, über die man nur in Berlin, der Hauptstadt Deutschlands, alles weiß.»[178] Unter der deutschen Besatzung wurde Steins langjähriger Freund und Übersetzer von *The Making of Americans*, Bernard Faÿ, zum Direktor der Nationalbibliothek ernannt. Faÿ galt als Intimus der Pétain-Regierung, und bei seinen regelmäßigen Reisen nach Vichy nahm er immer wieder den Umweg über Culoz, um Gertrude Stein und Alice B. Toklas zu besuchen. Er besorgte ihnen zusätzliche Lebensmittelmarken und erreichte durch seine Beziehung zur Führung der Pariser Gestapo, daß die Wohnung in der Rue Christine, die Bilder und Manuskripte in Ruhe gelassen wurden.[179] Auch der Künstler Francis Rose, ein früherer Stammgast in der Rue de Fleurus und ein Freund der deutschen Besatzer, kümmerte sich um die beiden Frauen und soll von Göring die persönliche Versicherung bekommen haben, daß «wenn Frankreich etwas passiert, er dafür sorgen werde, daß Gertrude Stein und Alice Toklas sicher sein und nie finanzielle Sorgen haben werden».[180] Diese Freundschaften Gertrude Steins mit Kollaborateuren der deutschen Besatzung blieben auch den amerikanischen Behörden nicht verborgen; aber das FBI, das sich für Gertrude Stein wegen angeblich linker Sympathien einige Zeit interessierte, kümmerten ihre rechten Sympathien nicht sonderlich. Die Stein-Akte[181] besteht aus ganzen zwölf Seiten, und Bernard Faÿ, ein rechter Intellektueller, wird nicht einmal erwähnt. Aber vielleicht war nicht er es, sondern der Bürgermeister von Culoz, der am meisten für die Sicherheit der beiden Frauen tat, indem er ihre Namen von den Einwohnerlisten strich. Gertrude Stein übersetzte etwa 180 Seiten aus General Pétains «Paroles aux Français, Messages et Écrits, 1934–1941», und wie immer korrigierte und redigierte Alice B. Toklas das Manuskript. In ihrem Vorwort stellte Stein Pétain als einen mutigen Politiker dar, der Frankreich retten wolle, und beklagte die ihrer Meinung nach falsche Auffassung, die Amerika von ihm und von seiner Politik habe.[182] Ihren Mangel an Realitätssinn dokumentierte auch das Bild, das sie in einem Artikel für «The Atlantic Monthly» 1940 vom Leben im besetzten Frankreich zeichnete. Der Krieg schien für Gertrude Stein nicht mehr als ein Gesprächsthema zu sein, das sie mit Freunden am Kamin erörterte – ein nebensächliches Gesprächsthema, denn was sie wirklich beschäftigte, war weiterhin der Komplex von Identität, Öffentlichkeit, Ruhm. Die politische Lage in Europa bearbeitete sie in einem allegorischen Roman, *Mrs Reynolds*, der erst postum 1952 veröffentlicht wurde. Dieser Roman erzählt den Alltag an einem nicht genau festgelegten Ort irgendwo in Europa während des Kriegs. Mrs. Reynolds ist eine Frau in mittleren Jahren, die Beziehungen sowohl zu Angel Harper als auch zu Joseph Lane unterhält. Die Initialen und die physische und psychologische Beschreibung dieser beiden Figuren lassen leicht erkennen, daß Angel Harper für Adolf Hitler, Joseph Lane für Joseph Stalin steht. Aber die Figuren Harper/Hitler und Lane/Stalin sind überzeichnet und dadurch nicht überzeugend; Mr. Reynolds weigert sich, die Realität wahrzunehmen und flieht in den Schlaf, und Mrs. Reynolds' Hauptbeschäftigung ist das Essen – vielleicht der deutlichste Hinweis auf die prekäre Versorgungslage. Der Roman suggeriert, wie man sich der Wirklichkeit entziehen und wie der Alltag während all der politischen Umwälzungen weitergehen konnte, denn die Reynolds sind *ein einfaches Paar, das einfache Gespräche führt und das von allem, was um sie herum passiert, nicht persönlich betroffen ist, aber über ihr, ganz über ihr, liegt der Schatten zweier Männer.*[183] Der Stil Gertrude Steins eignete sich nicht für Satire, und der Roman verfehlte sein Ziel, ein Bild vom Europa der Diktaturen zu geben. Das Buch hat keine richtige Handlung, sondern ist eine Aneinanderreihung von Episoden, und die politische Lage bleibt im Assoziativen. *Es gibt nichts Historisches in diesem Buch, außer der geistigen Stimmung.*[184]

So düster wie die allgemeine intellektuelle Stimmung dieser Zeit war Gertrude Steins eigene Stimmung auch, denn aus Amerika kamen schlechte Nachrichten: Zelda Fitzgeralds psychische Krankheit war so akut geworden, daß sie in die Klinik mußte; 1941 starb Scott Fitzgerald in Hollywood, und ebenso unerwartet starb im März Sherwood Anderson. Erst nach dem japanischen Angriff auf Pearl Harbour im Dezember 1941, als die USA in den Krieg eintraten, wurde Gertrude Steins Interesse an den aktuellen Geschehnissen wach. Hatte bis jetzt nur Alice B. Toklas die Nachrichten verfolgt, so verbrachte Gertrude Stein nun lange Stunden vor dem Radio, und auch in ihren Briefen an Freunde in Amerika zeigte sie sich bekümmert. Das Leben wurde immer schwieriger: Die Versorgung war wieder schlechter geworden, ihr Auto wurde beschlagnahmt, und die Bewegungsfreiheit war eingeschränkt. Ab 1943 gab es keinen Briefverkehr mit Amerika mehr, nicht einmal mehr mit Paris und mit dem besetzten Teil Frankreichs. Diese Isolation beeinträchtigte Steins Alltag derart, daß sie beinahe einverstanden war, als ihre Freunde wieder einmal rieten, in die Schweiz zu flüchten. Aber im letzten Moment änderte sie ihre Meinung, und bis zum Ende des Krieges blieben Gertrude Stein und Alice B. Toklas in Culoz.

Als sie die Nachrichten von der Landung der Alliierten in der Normandie am 6. Juni 1944 erhielten, freuten sich Gertrude Stein und Alice B. Toklas darauf, nach Paris zurückkehren zu können. Am 1. September 1944 erreichten die ersten amerikanischen Soldaten Culoz, Gertrude Stein lud sie zum Essen ein und ließ sich Kriegserlebnisse erzählen. Im Dezember mietete Alice B. Toklas einen Lastwagen, auf den sie ihre Sachen packten, und ein Auto, mit dem sie und Gertrude Stein nach Paris zurückkehrten. In der Rue Christine fanden sie die Wohnung in Unordnung: Bilder fehlten, und einige waren eingepackt, wie bereit zum Mitnehmen. Sie schufen Ordnung und richteten sich wieder ein. Zu den ersten Besuchern gehörte Picasso, und bald darauf kam Hemingway, der mit den amerikanischen Truppen in Paris einmarschiert war, um die Stadt, in der er zwanzig Jahre zuvor «das Fest fürs Leben» gefeiert hatte, zu befreien. Gertrude Stein begann, die Tagebucheintragungen, die sie zwischen 1943 und August 1944 gemacht hatte, zu einem Buch zu verarbeiten: *Wars I Have Seen (Kriege die ich gesehen habe)* wurde im Frühjahr 1945 in Amerika veröffentlicht. Der Text ist ein einziger innerer Monolog, ohne Absätze und ohne Kapitel, über das Leben während der Besetzung Frankreichs und über die Entbehrungen im Alltag. Die Be-

Truppenbesuch in Deutschland, 1945

setzung und der Schatten der Diktatur werden von Gertrude Stein in einen programmatischen Gegensatz zu den Idealen der Freiheit und der Unabhängigkeit gebracht, die Amerika symbolisiert, und die amerikanischen Soldaten stehen für diese Freiheit. Aber die Soldaten, die sie in *Kriege die ich gesehen habe* zu modernen Helden stilisierte, stellte sie in *Brewsie and Willie* als infantile Angeber dar. Dieses Buch besteht aus einer Reihe von Gesprächen zwischen Soldaten und Krankenschwestern, deren Identität nicht genau beschrieben wird, auch der Ort der Gespräche bleibt unklar. Gertrude Stein übernimmt hier zum erstenmal den amerikanischen Slang, und es gelingt ihr, die dialektalen Besonderheiten verschiedener Regionen wiederzugeben. Machte sie in diesem Text die Soldaten zu sprechenden Figuren, sprach Gertrude Stein auch selbst in Rundfunksendungen von dem Mut junger Männer und lobte auch die französischen Untergrundkämpfer; für «Life Magazine» und «The New York Times» schrieb sie über die amerikanischen Truppen, die Paris befreiten, und die Armeezeitschrift «Yank» druckte einige dieser Artikel nach. So stilisierte sich Stein zur Patriotin, und es war ihr Engagement ebenso wie ihre Bekanntheit, die ihr im Juni 1945 eine Einladung von «Life Magazine» einbrachten, die amerikanischen Stützpunkte in Deutschland, Belgien und Österreich zu besuchen. In Brüssel, im November, wurde Stein sehr krank, und kurz darauf wurde in Paris Magenkrebs diagnostiziert. Als sie sich vorübergehend wieder besser fühlte, nahm sie wieder ihren normalen Alltag auf. «Auf einmal ging es Gertrude Stein nicht mehr gut, und der Arzt, der kam, um nach ihr zu sehen, sagte, sie sollte einen Spezialisten konsultieren. [...] Aber Gertrude wollte nichts davon wissen und tat, als wäre nichts. Sie kaufte sich sogar ein kleines Auto.»[185] Sie half dem jungen Couturier Pierre Balmain, seine erste Modenschau zu organisieren, und schrieb den Katalogtext. Und für Virgil Thomson schrieb sie wieder ein Libretto, *The Mother of Us All*, dem sie das Leben der bedeutendsten amerikanischen Feministin des 19. Jahrhunderts, Susan B. Anthony, zugrunde legte.

Im Juli 1946 fuhren Gertrude Stein und Alice B. Toklas aufs Land, aber sie waren nicht weit gekommen, als Gertrude Stein heftige Schmerzen überfielen. Sie mußten die Reise unterbrechen und blieben in einem kleinen Hotel in Azay-le-Rideau, wo der Arzt, der gerufen wurde, nicht mehr tun konnte, als einen Spezialisten zu empfehlen. Alice B. Toklas rief Gertrude Steins Neffen, Allan Stein, in Paris an und bat ihn, sie in Paris am Bahnhof abzuholen. «Als wir den Zug bestiegen, weigerte sich Gertrude Stein, sich von einer Schwester oder sonst jemand pflegen zu lassen, sondern lief von einer Seite des Waggons zur anderen, um die Landschaft zu sehen. Als wir in Paris ankamen, waren wir schockiert, daß ein Krankenwagen wartete, um sie ins American Hospital zu fahren.»[186] Am nächsten Morgen berieten sich die Ärzte und teilten Allan Stein mit, daß Gertrude schwer krank sei. Einige der Ärzte waren der Meinung, daß eine Operation keinen Zweck mehr habe, aber einer bestand darauf, doch noch zu operieren. «Inzwischen befand sich Gertrude Stein in einem traurigen Zustand von Unentschlossenheit und Sorge. Ich saß neben ihr, und früh am Nachmittag sagte sie zu mir, was ist die Antwort? Ich blieb still. Dann, sagte sie, was ist die Frage? Daraufhin war sie den ganzen Nachmittag über unruhig, verwirrt und sehr unsicher. Später am Nachmittag fuhr man sie auf einer Bahre in den Operationssaal, und ich sah sie nie wieder.»[187] Noch unter der Narkose starb Gertrude Stein am 27. Juli 1946 gegen 18.30 Uhr.

Nachwort

Die Beerdigung von Gertrude Stein fand erst Monate später, am 22. Oktober, statt. Ihr Leichnam wurde in der American Cathedral Church of the Holy Trinity aufgebahrt, und dort fand auch die Trauerfeier statt. Begraben wurde Gertrude Stein auf dem berühmten Pariser Friedhof Père-Lachaise, wo ein einfacher Grabstein, nach einer Skizze von Francis Rose entstanden, das Grab markiert. Der Grabstein nennt Namen, Geburts- und Todesdaten und Geburts- und Sterbeort. Zu Lebzeiten hatte sich Gertrude Stein oft über die französischen Behörden mokiert, die den Namen ihres Geburtsorts meistens falsch schrieben; die Ironie des Schicksals wollte es, daß nicht nur der Geburtsort auf ihrem Grabstein falsch geschrieben wurde, sondern auch als Todestag der 29. statt des 27. erscheint.

Sowohl die französischen als auch die amerikanischen Zeitungen veröffentlichten lange Artikel und Nachrufe auf Gertrude Stein. Die meisten sprachen von ihr als öffentlicher Persönlichkeit, erinnerten an ihre literarischen Experimente und stellten die Gültigkeit ihres Werks zur Diskussion. Viele Freunde erfuhren erst aus den Zeitungen von Gertrude Steins Tod. Virgil Thomson erreichte die Nachricht in Venedig, und er fuhr nach Paris, um Alice B. Toklas einen Beileidsbesuch abzustatten. Bernard Faÿ schrieb Toklas aus dem Gefängnis. Selbst Gertrude Steins Bruder Leo, der die letzten Jahrzehnte in Italien gelebt und überlebt hatte, erfuhr von ihrem Tod erst aus dem Magazin «Newsweek». Leo Stein selbst war inzwischen 74 Jahre alt, taub und todkrank. 1947 erschien sein wichtigstes Buch «Appreciations: Painting, Prose and Poetry», eine Sammlung von Erinnerungen, Essays und Literatur- und Kunstinterpretationen. Leo Stein starb am 29. Juli 1947.

Alice B. Toklas blieb mit dem weißen Pudel in der Rue Christine und begann eine eigene Karriere. 1954 veröffentlichte sie «The Alice B. Toklas Cookbook»[188], ein Erinnerungs- und Kochbuch mit Illustrationen von Francis Rose. Darin erzählt sie von den Gerichten, die in der Rue de Fleurus serviert wurden, und von den Lieblingsspeisen einiger berühmter Besucher; von der Amerika-Reise und von den Gerichten, die sie und Gertrude Stein in Amerika aßen; vom Leben auf dem Land und von den

Dora Maar:
Porträt
Alice B.
Toklas, 1952

Spezialitäten der Gegend von Bilignin; vom Krieg und von der Bescheidenheit der Küche in dieser Zeit. Sie gab das Rezept für ein Karamelbonbon mit Haschisch («hashish fudge»), das, als das Buch im prüden Amerika erschien, dort einen kleinen Skandal hervorrief; für einen buntdekorierten «Barsch für Picasso»; für farbige Mayonnaise; für «wenig bekannte französische Gerichte, die sich für amerikanische und britische Küchen eignen» wie Erbsencremesuppe, Bœuf Bourgignon, Kartoffelsalat und Obstsoufflé. Das Buch hatte in den USA viel Erfolg und wurde immer wieder aufgelegt, zuletzt 1984 in einer Taschenbuchausgabe.

Alice B. Toklas' zweites Buch, «Aromas and Flavors of Past and Present», war weniger erfolgreich. Dieses Buch enthält einige ihrer Lieblingsrezepte, allerdings ersetzte ihre Mitautorin Poppy Canon, die im überschwenglichen und schnellen Stil der Frauenillustrierten schrieb, die komplizierten und zeitraubenden Anleitungen durch Fertigprodukte und supermarktgerechte Zutaten. So wurde das Kochbuch weder etwas für die moderne Frau noch etwas für die altmodische Küche.

Anfang der sechziger Jahre begann Alice B. Toklas unter der Mitarbeit des jungen Schriftstellers Max White, den sie während Gertrude Steins Tournee durch die USA kennengelernt hatte, ihre Erinnerungen aufzuschreiben. Nachdem White die Arbeit bald aufgegeben hatte und mit den ganzen Notizen verschwunden war, wurde das Buch mit der Hilfe von Robert Lescher, Lektor im Verlag Holt, Rinehart and Winston, fertiggestellt und 1963 veröffentlicht. In diesem Erinnerungsbuch findet sich vieles aus der *Autobiographie von Alice B. Toklas* wieder, manche Passagen scheinen fast abgeschrieben zu sein, was nicht unbedingt verwunderlich ist, denn Alice B. Toklas hatte das Steinsche Manuskript redigiert und wahrscheinlich beeinflußt. So lesen sich ihre eigenen Erinnerungen, als hätte Gertrude Stein sie geschrieben, und diese bleibt auch die Hauptfigur im Buch ihrer Freundin. Es endet mit Gertrude Steins Tod, als hätte Alice B. Toklas danach nichts mehr erlebt.

Dabei war sie alles andere als untätig geblieben. Sie sah ihre Lebensaufgabe darin, Gertrude Steins literarische Unsterblichkeit durch die Drucklegung aller noch unveröffentlichten Manuskripte zu sichern. Das erforderte beträchtliche finanzielle Mittel. Gertrude Stein hatte in dem Testament, das sie eine Woche vor ihrem Tod aufgesetzt hatte, ihre Papiere, Briefe und Manuskripte der Yale University, das Picasso-Porträt dem Metropolitan Museum of Art in New York und ihr Vermögen Alice B. Toklas hinterlassen, mit der Zusatzbestimmung, daß nach Toklas' Tod alles an Allan Stein, Michaels Sohn, übergehen sollte. Außer den Gemälden, allein über vierzig Picassos, und den persönlichen Gegenständen, hinterließ Stein 20 000 Dollar in Wertpapieren und 6650 Dollar auf einem Konto der Mercantile Trust Company. Zu Nachlaßverwaltern hatte Gertrude Stein Alice B. Toklas und Allan Stein benannt und als Ort der gerichtlichen Testamentsvollstreckung Baltimore festgelegt, wo Edgar Allan Poe, ein Urgroßneffe des gleichnamigen Dichters, der zuständige Richter wurde. Im Testament bestimmte Gertrude Stein, daß die Nachlaßverwalter an Carl Van Vechten jede von ihm für erforderlich gehaltene Summe zu zahlen hätten, soweit sie der Veröffentlichung ihrer nachgelassenen Werke diente. Und was Alice B. Toklas betraf, sollten die Verwalter ihr Zuwendungen machen und gegebenenfalls Bilder oder andere Objekte verkaufen, um ihren Lebensunterhalt zu sichern.[189] Aber der Richter in Baltimore erwies sich als nicht besonders interessiert an der Vollstreckung des Testaments und verzögerte immer wieder die Zahlungen an Alice B. Toklas, die bei Allan Stein Trost und finanzielle Unterstützung fand. 1951 starb Allan Stein; seine Frau Robina, die im Interesse ihrer Kinder das Vermögen zusammenhalten wollte, war Alice B. Toklas gegenüber weniger wohlwollend eingestellt als ihr Mann. Als sie sich wieder einmal in Geldnöten befand, verkaufte Toklas mehrere Bilder von Picasso, was ihr nach dem Gesetz nicht erlaubt war, da sie auf die Nachlaßverwaltung schon im September 1946 verzichtet hatte. Nach vielem Hin und Her erwirkte Frau Stein schließlich ein Gerichtsurteil, das die Überstellung der Bilder aus der Wohnung in der Rue Christine in den Safe der Pariser Niederlassung der Chase Manhattan Bank verfügte. «Die Bilder sind verschwunden. Bei meinen schlechten Augen konnte ich sie ohnehin nicht sehen. Glücklicherweise gelingt mir das dank meines guten Gedächtnisses.»[190] Der Konflikt mit Frau Stein war damit noch nicht zu Ende, denn sie entdeckte, daß Alice B. Toklas immer wieder Bilder und Zeichnungen, die in der Inventarliste aufgeführt wurden, verkauft hatte, um mit dem Erlös ihren etwas kostspieligen Lebensstil zu finanzieren. Schließlich engagierten sowohl Alice B. Toklas, die sich im Recht fühlte und behauptete, entsprechend Gertrude Steins Testament gehandelt zu haben, als auch Robina Stein, die sich hintergangen fühlte, Rechtsanwälte, und der Streit zog sich über Jahre hin. Für Alice B. Toklas jedoch war die größere Katastrophe der Verkauf des Hauses in der Rue Christine, denn der neue Besitzer der Wohnung klagte 1960 auf Eigenbedarf und gewann den Prozeß. Trotz Interventionen von hoher Stelle, sogar vom damaligen Kulturminister André Malraux, mußte die Siebenundachtzigjährige 1964 ausziehen. Die Schriftstellerin Janet Flaner fand für sie eine neue Wohnung in der Rue de la Convention: Es war eine moderne, kleine Wohnung, die nichts mehr von der Atmosphäre der Rue de Fleurus ahnen ließ: es gab nur wenige, unentbehrliche Möbel, und die Wände waren kahl.

In der neuen Wohnung wurde Alice B. Toklas immer kränker und ungnädiger, und sie machte es den Freunden, die sich um sie kümmerten, schwer. Ihre Arthritis verschlimmerte sich derart, daß auch die Kuren in Italien keine Besserung mehr brachten; sie war inzwischen so gut wie blind und praktisch taub. Als Kind getauft, war sie 1958 in den Schoß der Kirche zurückgekehrt, und sie versuchte bei den Blue Nuns, einem katholischen Orden in Rom, wo auch der Philosoph George Santayana gepflegt worden war, unterzukommen. Das gelang nicht, und nachdem sie einige Zeit bei kanadischen Nonnen verbracht hatte, kehrte sie nach Paris zurück. 1965, mit 88 Jahren, wurde sie am grauen Star operiert und blieb danach bettlägerig. Am 7. März 1967, kurz vor ihrem neunzigsten Geburtstag, starb Alice B. Toklas in der kleinen Wohnung in der Rue de la Convention. In ihrem Testament, in französischer Sprache geschrieben, wünschte sie im Grab Gertrude Steins beigesetzt zu werden, ihr Name, Geburts- und Todesdaten sollten auf der Rückseite des Grabsteins eingemeißelt werden.[191]

Ihr Tod bedeutete nicht, daß sich nun niemand mehr um Steins literarischen Ruhm gekümmert hätte, denn Carl Van Vechten mobilisierte alle Kräfte, um neue Veröffentlichungen durchzusetzen. So erschienen im Verlag der Yale University, die den literarischen Nachlaß erhalten hatte, mehrere Bände nachgelassener Schriften und ein «Reader», eine repräsentative Auswahl aus Steins Werk. *Die Autobiographie von Alice B. Toklas* wurde zu einem «Longseller», das heißt, sie verkaufte sich mäßig, aber regelmäßig und ging in den Kanon amerikanischer Literatur des 20. Jahrhunderts ein. Die Popularität der *Autobiographie* erreichte trotz literaturwissenschaftlicher und -kritischer Bemühung keines der anderen Bücher Gertrude Steins.

Nach Gertrude Steins eigener Einschätzung gehörte *The Making of Americans* neben Marcel Prousts «Suche nach der verlorenen Zeit» und James Joyce' «Ulysses» zu den bedeutendsten Werken der literarischen Moderne, zu den Werken, die die Kunst des Erzählens verändert haben. Aber während die Romane von Proust und Joyce als Klassiker gelten, ist Steins «unglaublich langes Buch mit dem Titel ‹The Making of Americans›», wie Hemingway es nannte, nach wie vor weitgehend unbekannt. Bekannter wurden ihre Theaterarbeiten, denn die Off-Broadway-Bewegung in den späten fünfziger und frühen sechziger Jahren griff auf ihre experimentellen Stücke zurück. Schon im Mai 1947 wurde die Oper von Virgil Thomson *The Mother of Us All*, für die Gertrude Stein das Libretto geschrieben hatte, an der Columbia University uraufgeführt. Aber auch andere Texte wurden für die Bühne adaptiert. So arbeitete Leon Katz 1972 sogar *The Making of Americans* zum Stück um, das am Judson Poets' Theater in New York uraufgeführt wurde. Als in den siebziger Jahren Gertrude Stein eine gewisse Popularität als Feministin vor der Zeit und als unabhängige, unkonventionelle Persönlichkeit genoß, waren es meist ihre autobiographischen Bücher, die neu aufgelegt wurden; der Roman wurde nicht einmal in der kürzeren Version nachgedruckt. Mit der ihr gewidmeten Sondernummer der Literaturzeitschrift «Twentieth Century Literature» begann 1978 zumindest im akademischen Milieu der USA eine gewisse Stein-Renaissance, die inzwischen unzählige Aufsätze und mehrere Studien hervorgebracht hat.

Mehr als Leser und Kritiker haben schon immer Schriftsteller ihr Werk geschätzt. Thornton Wilders Konzept der Zufälligkeit kann auf Gertrude Steins existentiellen Psychologismus zurückgeführt werden, und Sherwood Anderson gab den Einfluß von Gertrude Steins ersten Erzählungen auf seinen eigenen Stil offen zu. In Paris pflegte Hemingway seine ersten Manuskripte Gertrude Stein zu zeigen: sie soll immer die Adjektive weggestrichen und ihm geraten haben, sich an der gesprochenen Sprache zu orientieren; «den wahren Satz», nannte das Hemingway in Anlehnung an Flauberts «mot juste», und bis zuletzt versuchte er sich daran zu halten. Hemingways sparsame, bildarme Sprache und sein repetitives Erzählen waren seine Version des Stils der Stein und entsprechen einer neuen literarischen Ästhetik. Hemingway war vielleicht der erste Avantgardist, der zugleich populär und erfolgreich wurde. Mit

Am Fenster, April 1946. Foto von Cecil Beaton

Hemingway wurde die literarische Avantgarde zur allgemein anerkannten Literatur, der elitäre Stil Gertrude Steins zu jedermanns Moderne. Aber auch in der hermetischen Lyrik von Wallace Stevens ist ihr Stil erkennbar, zum Beispiel in Versen wie: «Twenty men crossing a bridge, / Into a village / Are / Twenty men crossing a bridge / Into a village.»

Steins Beharren auf der Wichtigkeit von Ereignissen, auf der Bedeutung der unvermittelten Wirklichkeit, beeinflußte nicht nur Stevens, der eines seiner Gedichte «No Ideas But in Things» nannte. Auch das fragmentarische Erzählen der «Beat generation», eines Jack Kerouac zum Beispiel, und die repetitive und klischeehafte Sprache eines Kurt Vonnegut weisen Steins Einfluß auf, nicht weniger als der kontinuierliche Monolog einer Nathalie Sarraute, die inhaltlichen Experimente des französischen «Nouveau roman», der auf Handlung zugunsten der Form verzichtete, und die sprachlichen Experimente der französischen Gruppe OULIPO, die das Sprachspiel zur Ästhetik erhob. In Deutschland hat sich Helmut Heissenbüttel wohl als erster mit Gertrude Stein theoretisch beschäftigt, und ihr Einfluß ist in seinen frühen Texten bemerkbar. Auch in Thomas Bernhards spiralförmigen Sätzen, in Oskar Pastiors anagrammatischer Lyrik und in Ernst Jandls Mischung aus Nonsense und Dada ist Stein wiederzuerkennen. Und noch 1994 weist ein Satz wie dieser von Zsuzsanna Gahse den Einfluß der Stein auf: «Alle Frauen, das ist wirklich interessant, insgesamt alle Frauen, die Frauen, die Frauen in der Gesamtheit, alle Frauen, wenn man von ihnen spricht, einmal in einer Zusammenfassung, die Frauen, wirklich alle, natürlich geht das nicht, aber es wird gesagt, es wird ja gesagt, die Frauen, und gemeint sind alle Frauen, was das alles bedeutet, insgesamt alle Frauen, nicht nur etwa hier und keineswegs eine Auswahl.»[192]

Gertrude Stein ist bis heute durch ihren Einfluß auf die Literatur dieses Jahrhunderts gegenwärtiger als durch ihr eigenes Werk. Zu Recht wird sie als Mutter der modernen Literatur bezeichnet. In ihrem umfangreichen Werk aus Gedichten, Novellen, Romanen, Essays, Stücken, Libretti setzte sie sich über literarische Konventionen ebenso hinweg wie über Konventionen der Sprache. Im Paris der zwanziger Jahre wurde Gertrude Steins Salon zu einem Treffpunkt von Künstlern und Literaten aus vielen Ländern und Kulturen, zu einer Art Werkstatt der internationalen Moderne. Keine Handlung, keinen definierbaren Raum- oder Zeitrahmen, keine Figuren, an die sich der Leser gewöhnen könnte, gibt es im erzählerischen Werk der Gertrude Stein; ihr Erzählen entwickelt sich in unendlichen Wiederholungen und Variationen des Gleichen. Syntax und Zeichensetzung ignorierte sie, und als Erzähltempus gebrauchte sie ganz programmatisch das «continuous present». Zum Medium ihrer Gedichte machte sie die Alltagssprache und verwendete alle Wortarten als gleichberechtigte Bedeutungsträger, unter Aufhebung konventioneller Referenzen und Interdependenzen. Sie schuf den «text-object». Aber anders als die Surrealisten war Stein nicht am Unbewußten interessiert, sondern an der objektiven Wirklichkeit, einer Wirklichkeit, die sie nicht abbilden, sondern sprachlich re-konstruieren wollte. So wie in der Malerei die Kubisten, deren Werke sie sammelte und deren Freundschaft sie schätzte, versuchte Stein ihr Sujet mit der Sprache von mehreren Seiten zugleich darzustellen. Sie schuf Wortgebilde, die die Wirklichkeit nicht erklärten, sondern eine eigenständige Wirklichkeit beanspruchten. Ihre Schreibweise verlangte nach neuen Lesegewohnheiten: Stein-Leser konnten nicht passiv rezipieren, sondern mußten bereit sein, das sprachliche Puzzle des Textes aktiv zusammenzusetzen. Ihre inhaltlichen und formalen Experimente haben Gertrude Stein einen Platz in der Literaturgeschichte gesichert, und sie gehört tatsächlich zu den einflußreichsten Schriftstellern des 20. Jahrhunderts.

Anmerkungen

Alle nicht in der Bibliographie aufgeführten Werke der Sekundärliteratur werden in den Anmerkungen beim ersten Verweis mit vollem Titel genannt und in der Folge – wie auch die Werke Gertrude Steins – abgekürzt zitiert. Für Werke, die in der Bibliographie als Sekundärliteratur aufgeführt werden, steht eine Kurzform.

Die Zitate im Text wurden von der Autorin übersetzt, sofern in den Anmerkungen bzw. der Bibliographie nicht ein Übersetzer oder eine Übersetzerin genannt wird.

1 1803 kaufte Jefferson von Napoleon für 15 Millionen Dollar den mittleren Teil des Kontinents, das Territorium links und rechts des Mississippi. Damit verdoppelte sich die Fläche der USA, die Vereinigten Staaten begannen ihre Ausdehnung über den ganzen Kontinent zur Westküste.
2 Unter dem Slogan «Amerika den Amerikanern» warnte James Monroe Europa davor, Ansprüche auf den nordamerikanischen Kontinent zu erheben, und stellte die zukünftige Außenpolitik der USA gegenüber Europa unter das Motto «not to interfere» – «nicht einzugreifen». Die Monroe-Doktrin gilt als isolationistisch, als erster Versuch der USA, sich von Europa abzusetzen.
3 James kam zum erstenmal nach Paris, als er ganze sechs Monate alt war, und soll später allen Ernstes behauptet haben, seine erste Erinnerung sei die Place Vendôme. 1855 reiste die Familie James wieder nach Europa und lebte ein Jahr in Paris, wo die Kinder einen französischen Lehrer und eine französische Gouvernante hatten. 1872 kehrte James als Erwachsener nach Paris zurück; in einem Brief an William schreibt er: «Ich genieße [...] die Ahnung, in einer dichteren Kultur zu leben als unsrer eigenen.»
4 George du Maurier war als Zwanzigjähriger nach Paris gekommen, um Maler zu werden, er wurde später als Zeichner für die satirische Zeitschrift «Punch» bekannt. Im Alter rekonstruierte er seine Erlebnisse als Kunststudent im Quartier Latin in einem autobiographischen Roman, der auf die romantische Armut Murgers verzichtet und den viktorianischen Lebensstil wohlhabender Engländer in Paris beschreibt. Die Hauptfigur im Roman ist Trilby O'Ferrall, die den angehenden Künstlern Modell sitzt und den Typus der hermaphroditischen Schönheit verkörpert; ihrem frivolen Leben wird die Unschuld ihres Herzens entgegengestellt. Die Mischung aus Lokalkolorit und Moralin machte den Roman zu einem großen Erfolg auf beiden Seiten des Atlantiks.
5 In der zweiten Hälfte der zwanziger Jahre gab der Schriftsteller Ernest Walsh die Zeitschrift «This Quarter» heraus, die z. B. Erzählungen von Hemingway und Teile aus Joyce' «Finnegans Wake» veröffentlichte.

6 Gertrude Stein: Autobiographie von Alice B. Toklas. Aus dem Amerikanischen von Elisabeth Schnack. Zürich 1955, S. 82
7 Ebd., S. 83
8 Gertrude Stein: Kriege die ich gesehen habe. Aus dem Amerikanischen von Marie-Anne Stiebel. Frankfurt a. M. 1984, S. 8
9 Ebd., S. 9
10 Ebd.
11 Janet Hobhouse: Everybody Who Was Anybody. A Biography of Gertrude Stein. London 1975, S. 3
12 Gertrude Stein: Jedermanns Autobiographie. Aus dem Amerikanischen von Marie-Anne Stiebel. Frankfurt a. M. 1986, S. 80
13 «Frontier» (Grenze) bezeichnet das Gebiet an der Besiedlungsgrenze. Da der Kontinent von Osten nach Westen durch Europäer erschlossen und besiedelt wurde, ist die «Frontier» immer im Westen. Kalifornien, das 1850 in die Union aufgenommen wurde, galt noch bis zur Jahrhundertwende als «frontier state».
14 Stein: Jedermanns Autobiographie, S. 84
15 Stein: Kriege, S. 18
16 Vgl. Stein: Autobiographie, S. 89
17 Stein: Jedermanns Autobiographie, S. 154
18 Ebd., S. 151
19 Ebd., S. 158
20 Stein: Autobiographie, S. 89
21 Stein: Jedermanns Autobiographie, S. 165
22 Zitiert nach Hobhouse: Everybody Who Was Anybody, S. 13
23 Der «Harvard Annex» war sozusagen das Zugeständnis der Elite-Universität an die beginnende Emanzipation der Frauen, die seit 1879 zwar zugelassen, aber abseits gehalten wurden. 1894 wurde das Frauencollege von Harvard in Radcliffe College umbenannt.
24 George Santayana (1863–1952) wurde für seine Kritik am deutschen Idealismus und an der puritanischen Willensethik ebenso bekannt wie für seine Neudeutung der griechischen Philosophie.
25 Hugo Münsterberg (1863–1916) war Professor in Freiburg, bevor er nach Amerika ging. Er gilt als Begründer der angewandten Psychologie und prägte dafür den Begriff «Psychotechnik».
26 William James (1842–1910) studierte selbst in Harvard, dann in Berlin und Dresden und wurde 1872 nach Harvard berufen. Er gilt als Begründer des Pragmatismus, sein «radikaler Empirismus» förderte die Experimentalpsychologie.
27 Zitiert nach Hobhouse: Everybody Who Was Anybody, S. 14
28 Stein: Autobiographie, S. 94
29 Stein: Jedermanns Autobiographie, S. 101. Im Original: «[...] all knowledge was not my province».
30 Zitiert nach Hobhouse: Everybody Who Was Anybody, S. 15
31 Stein: Jedermanns Autobiographie, S. 81
32 Leo an Gertrude Stein, 30. Juli 1895. Collection of American Literature, Beinecke Rare Book and Manuscript Library, Yale University
33 Kurioserweise hießen die beiden Männer, die in Leos Abwesenheit Gertrude am nächsten waren, Leo und Leon.

34 Gertrude Stein: Drei Leben. Berechtigte Übertragung von Marlis Pörter mit einem Nachwort von Marie-Anne Stiebel. Zürich 1960, S. 11
35 Ebd., S. 243
36 Stein: Jedermanns Autobiographie, S. 83
37 Gertrude Stein: Q.E.D. Aus dem Amerikanischen von Marie-Anne Stiebel und Ursula Michels-Wenz. Frankfurt a. M. 1990, S. 8
38 Ebd., S. 9
39 Ebd., S. 14
40 Ebd., S. 102. Der Ausdruck «Things As They Are», «Die Dinge, wie sie sind», wurde zum Titel einer postumen Ausgabe dieses Textes.
41 Stein: Autobiographie, S. 98
42 Hobhouse: Everybody Who Was Anybody, S. 30
43 Leo Stein: Appreciations: Painting, Poetry and Prose. New York 1947, S. 147
44 Stein: Autobiographie, S. 99
45 Ebd., S. 98
46 Gertrude Stein: Paris Frankreich. Persönliche Erinnerungen. Berechtigte Übertragung von Marie-Anne Stiebel. Frankfurt a. M. 1975, S. 7
47 Vgl. Irene Gordon: Four Americans in Paris. New York 1970, S. 16
48 Leo Stein: Appreciations, S. 194 f.
49 Ambroise Vollard: Souvenir d'un Marchand de Tableaux. Paris 1948, S. 159
50 Die Ausstellungen der Académie Royale de Peinture et Sculpture fanden seit 1725 regelmäßig im Salon Carré des Louvre statt. 1848 wechselten sie in das Grand Palais, behielten aber den Namen «Salon» bei. Der Salon der Pariser Akademie, zunächst nur der Hofgesellschaft zugänglich, wurde im Laufe des 18. Jahrhunderts zum Treffpunkt des Adels und der hohen Geistlichkeit, später auch des gehobenen Bürgertums; nach der Französischen Revolution erhielt jedermann Zutritt. Dieser Salon entwickelte sich zum Forum der im 18. Jahrhundert einsetzenden Kunstkritik, und viele Auseinandersetzungen wurden dort ausgetragen. Die Auswahl durch die Akademie führte dazu, daß Konventionelles bevorzugt wurde, und für eine Kunst, die den bürgerlichen Geschmack repräsentierte, setzte sich die Bezeichnung «Salonmalerei» durch. Seit Ende des 19. Jahrhunderts kam es zu Protestveranstaltungen, wie zum Beispiel dem Salon des Indépendants, der seit 1884 im Frühjahr stattfand. Im offiziellen Salon ausstellen zu dürfen, blieb jedoch die Anerkennung, nach der die meisten Künstler strebten.
51 Leo Stein: Appreciations, S. 201
52 Stein: Autobiographie, S. 50
53 John Rewald: Cézanne und die Sammler Stein. Übersetzt von Dieter W. Portmann. Bern 1987, S. 14
54 Schtschukin und Morosow bauten eine große Sammlung moderner Malerei auf, die unter dem Sowjetsystem beschlagnahmt wurde, in russischen Museumdepots verschwand und erst 1993 durch eine aufsehenerregende Ausstellung wieder an die Öffentlichkeit gelang: Morosow und Schtschukin – Die russischen Sammler. Monet bis Picasso. Museum Folkwang Essen, 25. Juni–31. Oktober 1993; Puschkin-Museum Moskau 30. November 1993–30. Januar 1994; Eremitage Sankt Petersburg 16. Februar–16. April 1994. Katalog Köln 1993
55 Der amerikanische Arzt Albert Barnes trug eine einzigartige Sammlung französischer Malerei zusammen, die er in seiner Villa bei Philadelphia unter-

brachte und später in eine Stiftung umwandelte. Da er testamentarisch untersagt hatte, die Bilder einzeln oder zusammen auszuleihen, blieb die Sammlung der Öffentlichkeit lange verborgen. Anfang der neunziger Jahre mußte die Verwaltung der Barnes Foundation vor Gericht gehen, um eine zeitlich begrenzte Wanderausstellung zu ermöglichen, deren Erlös für Renovierung und Erweiterung des Hauses und Restaurierung einiger Bilder verwendet werden sollte.

56 Zitiert nach Hobhouse: Everybody Who Was Anybody, S. 59
57 Ebd., S. 50
58 Leo Stein: Appreciations, S. 173
59 Stein: Autobiographie, S. 50
60 Zitiert nach Arianna Stassinopoulos Huffington: Picasso. Genie und Gewalt. Übersetzt von Andrea Galler, Gabriele Burkhardt, Dr. Karlheinz Dürr. München 1991, S. 84
61 In Anspielung auf Gertrudes Vorliebe für die Bezeichnung «Genius» nannte Robert McAlmond seine 1938 veröffentlichten Erinnerungen über die in Paris verbrachte Zeit «Being Geniuses Together», und der Literaturhistoriker Humphrey Carpenter betitelte 1988 seine Studie über die amerikanischen Expatriierten «Geniuses Together».
62 Stein: Autobiographie, S. 8
63 Ebd., S. 82
64 Ebd., S. 13
65 Ebd., S. 78
66 Alice B. Toklas: What Is Remembered. New York 1973, S. 25 f.
67 Stein: Autobiographie, S. 28
68 Leo Stein: Journey. New York 1950, S. 53. Brief an Mabel Weeks 1913
69 Toklas: What is Remembered, S. 59
70 Ebd., S. 59
71 Zitiert nach Hobhouse: Everybody Who Was Anybody, S. 80
72 Stein: Autobiographie, S. 10
73 In einer Kritik dieser Ausstellung schrieb Louis Vauxcelles, Braque reduziere alles auf kleine Würfel, französisch «cubes». Kahnweiler selber übernahm die böswillig gemeinte Bezeichnung, und sie wurde binnen kurzer Zeit zum etablierten Namen einer neuen Kunstrichtung, des Kubismus.
74 Hoffman 1976, S. 34
75 Zitiert nach Hobhouse: Everybody Who Was Anybody, S. 83
76 Beispiel: «Not enough can be enough and being enough quite enough is enough and being enough enough is enough and being enough it is that.» (A Long Gay Book, S. 74)
77 Beispiel: «Wet weather, wet pen, a black old tiger skin, a shut in shout and a negro coin and the best behind and the sun to shine.» (A Long Gay Book, S. 114)
78 Nina Auzias lernte Leo Stein im Künstlermilieu kennen; sie saß ihm einige Male Modell, als er sich noch als Maler versuchte; dann, als er mit der Psychoanalyse zu flirten anfing, zahlte er ihr die Gage und bat sie, ihm ihr Leben zu erzählen. Die Affäre zwischen Leo und Nina wurde zu einer langen und langwierigen Beziehung, die schließlich zu ihrer Heirat 1921 führte.
79 Stein: Autobiographie, S. 11
80 Stein: Journey, S. 52

81 Leo Stein an Mabel Foote Weeks, April 1914. Collection of American Literature, Beinecke Rare Book and Manuscript Library, Yale University
82 Gertrude Stein: Two: Gertrude Stein and Her Brother and Other Early Portraits. New Haven 1951, S. 57
83 Ebd., S. 34
84 Stein: Autobiographie, S. 136
85 Hoffman 1976, S. 59
86 Paola Bono: Gertrude Stein e Mabel Dodge. Nascita di una Star. In: Daria Gallateria: Peccati d'amicizia. Rom 1991, S. 130
87 Herbert Grabes: If it can be done why do it – Gertrude Steins unmögliche Dramenästhetik. In: Therese Fischer-Seidel (Hg.): Frauen und Frauendarstellung in der englischen und amerikanischen Literatur. Tübingen 1991, S. 167
88 Stein: Autobiographie, S. 141
89 Ebd., S. 201
90 Ebd., S. 128
91 Auf Matisse' Betreiben schlossen sich Getrude Stein und Michael Brenner, der die Washington Square Gallery in New York betrieb und eine Ausstellung von Gris' Werke organisieren wollte, zusammen und schickten Gris 125 Francs monatlich. Aber sie bekamen nicht die Bilder, die sie sich erhofft hatten, und kündigten die Zahlungen Ende 1914 auf.
92 Stein: Autobiographie, S. 201
93 Toklas: What Is Remembered, S. 100
94 Ebd., S. 101
95 Gertrude Stein in einem Brief an Harry Phelan Gibb, 23.12.1921. Vgl. Bridgman 1970, S. 164
96 Gertrude Stein: Saints and Singing, In: Operas and Plays. Barrytown 1987, S. 86
97 Vgl. Gertrude Stein: Bee Time Vine and Other Pieces. New Haven 1953, S. 218
98 Gertrude Stein: The Psychology of Nations or What Are You Looking At. In: Geography and Plays. Boston 1922, S. 417
99 Ernest Hemingway: Paris – ein Fest fürs Leben. Übersetzt von Annemarie Horschitz-Horst. Reinbek bei Hamburg 1977, S. 201
100 Sylvia Beach: Treffpunkt – ein Buchladen in Paris. Aus dem Amerikanischen von Lilly von Sauter. München 1963, S. 20f.
101 Ebd., S. 24
102 Toklas: What Is Remembered, S. 115
103 Stein: Autobiographie, S. 231
104 Sherwood Anderson – Gertrude Stein: Briefwechsel und ausgewählte Essays. Herausgegeben von Ray Lewis White. Übersetzt von Jürgen Dierking. Frankfurt a. M. 1985, S. 24
105 Stein: Operas and Plays, S. 105–111
106 Anderson–Stein: Briefwechsel, S. 170
107 Hemingway: Paris – Ein Fest fürs Leben, S. 204
108 Gertrude Stein: The Making of Americans. Geschichte vom Werdegang einer Familie. Übersetzt von Lilian Faschinger und Thomas Priebsch. Klagenfurt 1992, S. 9
109 Ebd., S. 9

110 Ebd., S. 43
111 Ebd., S. 255
112 Ebd., S. 45
113 Ebd.
114 Ebd., S. 213
115 Ernest Hemingway: Fiesta. Autorisierte Übersetzung von Annemarie Horschitz-Horst. Reinbek 1954, S. 72. «Du bist ein Heimatloser. Du hast den Kontakt mit der Erde verloren. Trügerische europäische Normen haben dich ruiniert. Du trinkst dich zu Tode. Du bist vom Geschlechtlichen besessen. Du redest die ganze Zeit, statt zu arbeiten. Du bist ein Heimatloser, siehst du es ein? Du bummelst in Cafés herum.»
116 Stein: Autobiographie, S. 242
117 Gertrude Stein: Didn't Nelly and Lilly Love You. In: As Fine As Melanctha, New Haven 1954, S. 223
118 Gertrude Stein: A Lyrical Opera. In: Operas and Plays, S. 57
119 Anderson–Stein: Briefwechsel, S. 67
120 Toklas: What Is Remembered, S. 148
121 Stein: Autobiographie, S. 282
122 Toklas: What Is Remembered, S. 147
123 Die Schwestern Cone reisten regelmäßig nach Europa während der zwanziger Jahre und fuhren fort, Kunst zu sammeln. Immer wieder kauften sie Gertrude Stein, wenn sie in finanziellen Schwierigkeiten war, Bilder ab. Claribel starb 1929, aber Etta blieb den Steins verbunden. Noch nach dem Zweiten Weltkrieg, als sich Allan Stein, der Sohn von Michael und Sally, in finanziellen Schwierigkeiten befand, rief er Etta an und bot ihr das Porträt an, das Picasso 1906 von ihm gemalt hatte. Etta starb wenige Stunden bevor das Bild geliefert wurde. Die Sammlung der Cones und die Korrespondenz gingen an das Museum of Art in Baltimore.
124 Toklas: What Is Remembered, S. 147
125 Stein: Autobiographie, S. 286
126 Zitiert nach Hobhouse: Everybody Who Was Anybody, S. 141
127 Virgil Thomson: Virgil Thomson. New York 1966, S. 90
128 Zitiert nach Hobhouse: Everybody Who Was Anybody, S. 143
129 Toklas: What Is Remembered, S. 131
130 Stein: Autobiographie, S. 292f.
131 Morley Callaghan: That Summer in Paris. Toronto 1992, S. 184
132 Toklas: What Is Remembered, S. 119
133 Zitiert nach Hobhouse: Everybody Who Was Anybody, S. 162
134 Toklas: What Is Remembered, S. 172
135 Leo Stein: Appreciations, S. 152
136 Virgil Thomson (Virgil Thomson, S. 177) erinnert sich, daß wenn Gertrude Stein eine Geschichte erzählte und in Wiederholungen und Unklarheiten ausschweifte, Alice B. Toklas sie unterbrechen würde. «‹In Ordnung, Pussy›, würde Gertrude sagen. ‹Erzähl du es›. Alices Geschichte war die endgültige Version.»
137 Im Manuskript, das im Archiv in Yale aufbewahrt ist, stehen am Rand Alice' Anmerkungen mit rotem Stift.
138 Stein: Autobiographie, S. 296
139 Edmund Wilson: Shores of Light. New York 1952, S. 575

140 The Nation, 6. September 1933, S. 274
141 Gertrude Stein, in: Vanity Fair, September 1934, S. 35
142 Stein: Jedermanns Autobiographie, S. 48
143 Ebd., S. 8
144 Hobhouse: Everybody Who Was Anybody, S. 163
145 Stein: Jedermanns Autobiographie, S. 39
146 Julien Green: Tagebücher 1926–1942. Hg. von Jacques Petit. Aus dem Französischen von Brigitta Restorff, Alain Claude Sulzer und Christine Viragh Mäder. München 1991
147 Stein: Jedermanns Autobiographie, S. 95
148 Ebd., S. 74
149 Gertrude Stein: Four in America. New Haven 1947, S. 119
150 Zitiert nach Brinnin 1959, S. 320
151 Vgl. Brinnin 1959, S. 331
152 Stein: Jedermanns Autobiographie, S. 33
153 Ebd., S. 152
154 Stein: Jedermanns Autobiographie, S. 185
155 Zitiert nach James R. Mellow: Charmed Circle. Gertrude Stein & Company. London 1974, S. 380
156 Toklas: What Is Remembered, S. 154
157 Stein: Jedermanns Autobiographie, S. 193
158 Zitiert nach Mellow: Charmed Circle, S. 381
159 Gertrude Stein: Lectures in America. London 1988, S. 89 f. Es ist interessant, die Überlegungen Lessings in «Laokoon» damit zu vergleichen: «Gegenstände, die nebeneinander oder deren Teile nebeneinander existieren, heißen Körper. Folglich sind Körper mit ihren sichtbaren Eigenschaften die eigentlichen Gegenstände der Malerei. Gegenstände, die aufeinander oder deren Teile aufeinander folgen, heißen überhaupt Handlungen. Folglich sind Handlungen der eigentliche Gegenstand der Poesie.»
160 Stein: Jedermanns Autobiographie, S. 212
161 Ebd., S. 215
162 Brinnin 1959, S. 341
163 Stein: Jedermanns Autobiographie, S. 259
164 Toklas: What Is Remembered, S. 164
165 Zitiert nach Hobhouse: Everybody Who Was Anybody, S. 192
166 Stein: Jedermanns Autobiographie, S. 326
167 In der Post fand sich unter vielen Briefen von Studenten und jungen Schriftstellern auch ein Exemplar des «Wendekreis des Krebses» von Henry Miller, der um eine Stellungnahme bat.
168 Randa Dubnick: The Structure of Obscurity: Gertrude Stein, Language and Cubism. Urbana and Chicago 1984, S. 87
169 Gertrude Stein: The Geographical History of America; or: The Relation of Human Nature to the Human Mind. New York 1973, S. 46
170 Ebd., S. 6
171 The Saturday Evening Post: 13. Juni, 11. Juli, 25. Juli, 22. August, 10. Oktober 1936
172 Toklas: What Is Remembered, S. 173
173 Die Welt Ist Rund. Aus dem Amerikanischen von Michael Mundhenk. Klagenfurt 1994, S. 70

174 Grabes: «If it can be done why do it», S. 175
175 Toklas: What Is Remembered, S. 174
176 Ebd., S. 177
177 Ebd.
178 Janet Flaner: Paris, Germany... Reportagen aus Europa 1931–1950. Mit Fotografien von Werner Bischof, zusammengestellt von Klaus Blanc. Aus dem Amerikanischen von Angelika Felenda. München 1992, S. 56
179 Nach dem Krieg wurde Faÿ als Kollaborateur zu einer lebenslangen Gefängnisstrafe verurteilt; 1951 floh er aus dem Gefängniskrankenhaus in Angers und ging in die Schweiz, von wo er als Professor für Geschichte an die Universität in Madrid berufen wurde.
180 Francis Rose: Saying Life. London 1961, S. 401
181 Vgl. Nathalie Robins: Alien Ink. The FBI's War on Freedom of Expression. New York 1992, S. 207–209
182 Vgl. Bridgman 1970, S. 314–340
183 Gertrude Stein: Mrs. Reynolds. Los Angeles 1990, S. 331
184 Ebd.
185 Toklas: What Is Remembered, S. 184
186 Ebd., S. 186
187 Ebd.
188 The Alice B. Toklas Cook Book. Illustrations by Sir Francis Rose. New York 1954
189 Brinnin 1959, S. 403
190 Staying on Alone. Letters of Alice B. Toklas. Edited by Edward Burns, with an introduction by Gilbert A. Harrison. New York 1973, S. 403
191 Mellow: Charmed Circle, S. 477
192 Neue Zürcher Zeitung, Nr. 271, 19./20. November 1994

Zeittafel

1864 Daniel Stein und Amelia Keyser heiraten.
1865 Michael wird geboren.
1867 Simon geboren.
1870 Bertha geboren.
1872 11. Mai: Leo geboren.
1874 3. Februar: Gertrude wird in Allegheny, Pennsylvania, geboren.
1875 Die Steins lassen sich in Wien nieder.
1877 30. April: Alice B. Toklas wird in San Francisco geboren.
1878 November: Die Steins ziehen nach Passy bei Paris.
1879 Die Steins kehren in die USA zurück und leben zuerst bei Amelias Familie in Baltimore.
1880 Die Steins ziehen nach Oakland, Kalifornien.
1888 Amelia Stein stirbt.
1891 Daniel Stein stirbt. Der älteste Sohn Michael wird Vormund für Gertrude und Leo. Die Familie zieht nach San Francisco.
1892 Gertrude und Bertha ziehen zu der Familie ihrer Mutter nach Baltimore, Leo geht nach Harvard.
1893 Im Herbst nimmt Gertrude Stein ihr Studium am Harvard Annex auf.
1895 Leo beendet sein Studium in Harvard und macht eine Weltreise mit seinem Cousin Fred Stein. Michael Stein heiratet Sarah Samuels.
1897 Im Herbst beginnt Gertrude Stein an der Johns Hopkins School of Medicine in Baltimore, wo Leo Biologie studiert, das Medizinstudium. Sie leben zusammen.
1900 Leo läßt sich in Europa nieder.
1902 Gertrude Stein fährt zu Leo nach Italien. Sie verbringen den Sommer in England und nehmen sich im Herbst eine Wohnung in London, Bloomsbury Square 20. Im Dezember zieht Leo nach Paris.
1903 Im Februar reist Gertrude Stein nach New York und wohnt an der Ecke 100th Street und Riverside Drive. Im Frühjahr kehrt sie zurück nach Europa und zieht im Herbst bei Leo in der Rue de Fleurus ein. Auch Michael und Sarah Stein ziehen nach Paris und wohnen Rue Madame 50. Gertrude Stein beginnt mit der Arbeit an *The Making of Americans*.
1904 Sie fährt noch einmal in die USA und kehrt im Juni nach Paris zurück. Leo und Gertrude fangen an, Bilder zu kaufen, sie lernen Matisse kennen.
1905 Gertrude und Leo lernen Picasso kennen.
1906 Gertrude Stein sitzt Picasso Modell.
1907 Alice B. Toklas kommt nach Paris und lernt Gertrude Stein kennen.

1908	Alice B. Toklas beginnt mit der Abschrift des Manuskripts von *The Making of Americans*.
1909	Alice B. Toklas zieht in der Rue de Fleurus ein. *Drei Leben* erscheint.
1910	Leo lernt Nina Auzias kennen.
1911	*The Making of Americans* beendet.
1912	Die Freundin Mabel Dodge läßt 300 Exemplare des Wort-Porträts, das Gertrude Stein von ihr geschrieben hat, verteilen. Alfred Stieglitz veröffentlicht in seiner Zeitschrift «Camera Work» die Artikel *Picasso* und *Matisse* von Gertrude Stein.
1913	Leo zieht aus der Rue de Fleurus aus. Die Kunstsammlung wird geteilt.
1914	*Zarte Knöpfe* erscheint. Gertrude Stein und Alice B. Toklas verbringen den Sommer in England, wo sie vom Ausbruch des Ersten Weltkriegs überrascht werden. Im Oktober kehren sie nach Paris zurück.
1917	Gertrude Stein und Alice B. Toklas helfen dem «American Fund for French Wounded», und sie benutzen ihren Ford, genannt Auntie, als Lastauto. Sie werden in Perpignan, Nîmes und Mulhouse eingesetzt.
1919	Wieder in Paris. Leo, der den Krieg in den USA verbracht hat, kehrt nach Italien zurück.
1921	Leo heiratet Nina Auzias. Jacques Lipchitz fertigt eine Porträtplastik von Gertrude Stein. Sie lernt Sherwood Anderson kennen.
1922	*Geography and Plays* erscheint. Gertrude Stein bekommt die «Médaille de la Reconnaissance Française». Ernest Hemingway verkehrt in der Rue de Fleurus.
1923	Gertrude Stein und Alice B. Toklas verbringen den Sommer in Belley.
1924	Teile von *The Making of Americans* erscheinen in der «transatlantic review».
1925	*The Making of Americans* erscheint bei Contact Editions in Paris.
1927	Juan Gris stirbt.
1929	Gertrude Stein und Alice B. Toklas mieten ein Haus in Bilignin.
1931	*Lucy Church Amiably* erscheint als erster Band der Plain Edition in Paris.
1933	*Die Autobiographie von Alice B. Toklas* erscheint.
1934	*Four Saints in Three Acts* wird im Avery Memorial Auditorium des Wadsworth Athenaeum in Hartford, Connecticut, uraufgeführt. Am 24. Oktober kommen Gertrude Stein und Alice B. Toklas in New York an.
1935	Nach einer langen Vortragsreise, die sie quer durch Amerika geführt hat, schiffen sich Gertrude Stein und Alice B. Toklas im Mai wieder nach Europa ein. Michael und Sarah Stein verlassen Paris für immer und ziehen zurück nach San Francisco.
1937	Der Mietvertrag für das Haus Rue de Fleurus 27 wird gekündigt. *Everybody's Autobiography* erscheint bei Random House in New York.
1938	Gertrude Stein und Alice B. Toklas ziehen in die Rue Christine 5 um. Sie verbringen die meiste Zeit in Bilignin. Michael Stein stirbt in San Francisco.
1939	Das Kinderbuch *The World is round* erscheint bei Young Scott Books in New York. *Paris France* erscheint.
1940	Die deutschen Truppen besetzen Paris. Gertrude Stein und Alice B. Toklas bleiben in Bilignin. *Ida* erscheint.
1943	Der Mietvertrag für das Haus in Bilignin läuft aus. Gertrude Stein und Alice B. Toklas ziehen nach Culoz in das Hotel Le Colombier.
1944	Im August begegnet Gertrude Stein den ersten amerikanischen Soldaten –

diese Begegnung bedeutet für sie das Ende des Krieges. Die beiden Frauen kehren nach Paris zurück.

1945 *Wars I Have Seen* erscheint. Im Juni besucht Gertrude Stein amerikanische Stützpunkte in Deutschland, Belgien, Österreich.

1946 *Yes Is For a Very Young Man* wird im Pasadena Playhouse uraufgeführt. Am 27. Juli stirbt Gertrude Stein nach einer Krebsoperation im American Hospital in Neuilly-sur-Seine.

1947 *The Mother of Us All* wird an der Columbia University uraufgeführt. 29. Juli: Leo stirbt in Florenz.

1952 *Mrs Reynolds* erscheint.

1967 7. März: Alice B. Toklas stirbt.

1972 Leon Katz' Bühnenadaption von *The Making of Americans* wird am Judson Poets Theatre in New York uraufgeführt.

Zeugnisse

Ursula Krechel
Selbstgewißheit: Schreibgewißheit. Was nicht dasselbe ist. Was, wenn es sich überlagert, zu seifiger Präpotenz führen kann. Bei Gertrude Stein heißt Selbstgewißheit: früh einen analytischen Verstand entwickelt zu haben; ein methodisches naturwissenschaftliches Studium ist dabei von Vorteil. Schreibgewißheit heißt: methodischer Ausbau der Doppel- und Dreifachbedeutsamkeit von Sprache, Distanz von Worten und Werken durch ihre Schuld, durch ihre übergroße, wunderbare Schuld. Die bis heute (typisch) amerikanische Idee von der frei flottierenden Wirklichkeit, die «The Great American Novel» aufzäumt und zügelt, bricht sich bei Gertrude Stein ihre eigene Bahn und wirft die nie sattelfeste Wirklichkeit ab. Großräumige Gebärden auch in den sprachlichen Miniaturen, sie halten der mikroskopischen Betrachtung stand. Ironie und Monotonie mischen sich in höchst komplizierten Verschränkungen. Weitläufige Prosagebirge ohne Gipfel, literarisches Hochplateau, auf dem die Luft nicht dünn wird.

Brief vom 9. November 1994

Jürg Laederach
Einfache Prinzipien, schroff angewendet, ergeben überall in ihren Schriften literarische Feststellungen so natürlich, daß sie improvisiert erscheinen, und so klug mißgeboren und versetzt, daß wiederum die Natürlichkeit ein Wunder ist. Gertrude Stein ist die große materialistische Philosophin der Weltliteratur. Sie stellt fest, mit der erzenen Sicherheit des alten Testaments, und das Festgesetzte schnellt mit erzener Sicherheit in einen nichtexistierenden, aber höchst vertrauten Raum. Wenn sie das Einfachste feststellt, greift sie zum Pleonasmus. Doch die Steinsche Rose, die eine Rose ist die eine Rose ist, ist – allein durch die Verdreifachung der Rose und die vielschichtige Bedeutung dieses unauffälligen «ist» – ein ganzes Bouquet virtuoser, am faktenbezogenen William James orientierter Erzählungen. So entschieden glänzend wie Gertrude Stein wird immer nur jemand so entschieden glänzend wie Gertrude Stein sein.

Fax vom 19. September 1994

Margaret Atwood
Sie war wahrscheinlich die Großmutter der heutigen «Sprach»-Poeten – und eine nahe Verwandte des Zen.

Brief vom 25. Mai 1994

Oskar Pastior
Meine Liebesbeziehung zu «Gertrunde» (so heißt sie, familiär, für mich; denn «trud» wäre Mühsal und Sklavenarbeit) läuft über den Adapter Textbegegnung: erst am Einzeltext, dem ich aus den mir möglichen Lesarten in einem permanenten permutativen Entscheidungsakt die Spannbreite und linguistische Falltiefe abnötige, die er in mir freisetzt, kommt etwas wie Zeitbett & Genossenschaft am Rande einer Schlaufe auf... Launisch wie der Scheideweg, may be, einer Maibiene, zu Tantalos – can call us über die kleine Syrte, notdürftig third day, not thirsty. Nochmal den Text? Ein anderer.

Brief vom 12. September 1994

Susan Sontag
Gertrude Stein gehört zu den mächtigsten Erneuerern des 20. Jahrhunderts in der amerikanischen Prosa. Sie gehört auch zu den witzigsten Schriftstellern der englischen Sprache.

Fax vom 14. Oktober 1994

Robert Wilson
Ich vermute, Mitte der sechziger Jahre las ich *The Making of Americans*. Und ich hörte auch ihre Sprechplatten an. Das war eigentlich noch vor dem Beginn meiner Theaterarbeit, es war Teil meines Denkens oder meines Bewußtseins.

Programmheft von *Doctor Faustus Lights the Lights*, Hebbel-Theater Berlin, 1992

Ernest Hemingway
Miss Stein war sehr dick und nicht groß und war schwer gebaut wie eine Bauernfrau. Sie hatte wunderschöne Augen und ein grobes deutsch-jüdisches Gesicht, das auch friaulisch hätte sein können. [...] Sie war eine solche Persönlichkeit, daß ihr niemand widerstehen konnte, die sie für sich gewinnen wollte, und Kritiker, die sie kennenlernten und ihre Bilder sahen, nahmen Arbeiten von ihr, die sie nicht verstanden, auf Treu und Glauben hin, aus Begeisterung für sie als Mensch und im Vertrauen auf ihre Urteilsfähigkeit.

Paris – Ein Fest fürs Leben, S. 201–203

Morley Callaghan
Nachdem ich *The Making of Americans* und Erzählungen von ihr wie *Wie Eine Ehefrau Wie Eine Kuh. Eine Liebesgeschichte* durchgeackert hatte, grübelte ich über sie nach. Abstrakte Prosa war Unsinn. Die gerissene Frau hatte einen Trick gefunden, genauso wie die frechen Dadaisten einst einen Trick gefunden hatten. Die blanke Wahrheit war meiner Meinung nach, daß Gertrude Stein überhaupt nichts mehr zu sagen hatte.

That Summer in Paris, S. 184

Pablo Casals
Sie hatte einen scharfen Verstand und die Gabe, sich ungemein lebendig auszudrücken.

Licht und Schatten auf einem langen Weg. Erinnerungen, S. 92

Janet Flaner
Ob tot oder lebendig, Gertrude hatte auf ihre Bewunderer, zu denen auch ich zählte, immer einen sehr disziplinierenden Einfluß. Bei den Stein/Toklas-Parties umringten die Herren Gertrude, während die Damen um den Teetisch gruppiert wurden, dem Alice vorsaß... In welcher Ecke des Raumes sich Gertrude aufhielt wußte man immer, weil ständig ihr typisches Lachen zu hören war.

Legendäre Frauen und Ein Mann. Transatlantische Porträts, S. 177

Maurice Blanchot
Ich erinnere mich an einen Vers Gertrude Steins: *A rose is a rose is a rose is a rose.* Warum verstört er uns? Weil er der Ort eines vertrackten Widerspruchs ist. Einerseits besagt er, daß man von der Rose nichts aussagen kann, nur sie selbst, und ferner, daß sie auf diese Weise kundtut, sie sei schöner noch, als wenn man sie nur einfach schön hieße. Andererseits zieht er sie, und zwar durch den Nachdruck der Wiederholung, auf die Dignität des bloßen Namens zurück, der sie in ihrem Wesen als schöne Rose festzuhalten vorgab.

L'Entretien infini, Paris 1969

William Carlos Williams
Gertrude Stein befaßt sich einfach mit dem Skelett des Schreibens, mit den «tragenden» Teilen, jenen Elementen, die dem Schreiben Form geben, unabhängig von der «Last», die sie tragen. [...] Steins Thema ist das Schreiben. Aber ein Schreiben, das aufgefaßt wird als die erste Forderung des Augenblicks, der die tote Bürde lastender Logik mitschleppt, zu der auch eine tote Literaturkritik gehört; sie gilt es zu durchbrechen, damit eine Bresche sich öffne, durch die dann das Wagnis des Verstehens in unzähligen neuen Formen hervortreten sollte – zur Neubelebung.

Selected Essays, 1954

Cesare Pavese
In ihren Büchern ist das Leben eine schrecklich klare Angelegenheit. Sie ersetzt das Gefühl von der Unermeßlichkeit der Dinge, das Phantastische, durch die Verzauberung des stillen Strömens, in dem Sinn, in dem eine Rose eine Rose eine Rose ist.

Vorwort zu *Drei Leben*, S. 10

Ulla Hahn
Hat sie nicht die berühmteste Zeile der amerikanischen Literatur geschrieben? Genügen nicht diese drei Wörter, um ihren Rang als «Mutter und Muse der Moderne» zu rechtfertigen? a rose is a rose is a rose – Ist das ein Satz? Sind es drei? Drei Sätze? Drei Fragen? Eine Frage? Eine Rose? Drei Rosen? Eine gefragte Rose? Eine gesagte Rose? Ein Rosensatz? Ein Satz Rosen? Ein Ein? Ein Sein? Drei Ein? Ein Drei mal Sein? Rose sein? Wort sein? Rosenwort? Wortrose? Magie. Der Wörter? Der Dinge? Der Wörter. Die Wörter abzulösen von den Dingen, Ding-Wörter zu verwandeln in Wortdinge: Das ist ihr Vermächtnis. Ob sie wußte, daß die Wörter «Rose» und «Wort» derselben Wurzel entstammen, dem indischen v-r-t.

Fax vom 29. Januar 1996

Ludwig Harig
Endringlich hatte Max Bense mir Gertrude Steins berühmtesten Vers deklamiert, diesen ominösen Satz, der noch in späteren Jahren zu folgenschweren Verwirrungen und Irrtümern führen sollte, zuerst unter den Fachleuten, die ihn falsch zitierten, dann unter den Liebhabern, die ihn unvollständig zitierten, bis schließlich Politiker und Feuilletonisten, immer noch falsch und unvollständig zitierend, ihn als Waffe gegen alles Spielerische gebrauchten. Wie eine halbgeheime Parole ging er von Mund zu Mund, doch wie oft ist er oberflächlich dahergesagt und ohne Sinn und Verstand ausgelegt worden, so als ginge es in ihm reihweis weiter und immer voran wie bei der Polonaise, die sich in einem endlosen Rosenspalier verläuft. «Ein Roter ist ein Roter ist ein Roter», höhnt ein Parteigänger der Schwarzen und kommt sich besonders wichtig und überlegen vor. «A trumpet is a trumpet is a trumpet», überschreibt ein Jazzkritiker seinen Artikel über Chet Baker und protzt mit falscher Gelehrsamkeit. O nein: «Eine Rose ist eine Rose ist eine Rose ist eine Rose»: Diese Gleichsetzung einer Rose mit sich selbst und obendrein eines Satzes mit sich selbst, dieser zarte Anhauch einer zauberischen Tautologie läßt die Polonaise zum Reigen werden, der sich im Kreise schließt.

Wer mit den Wölfen heult, 1996

Bibliographie

Originalausgaben

Alphabets and Birthdays. Introduction by Donald Gallup. Yale University Press, New Haven 1957

The Autobiography of Alice B. Toklas. Hartcourt, Brace, New York 1933

Bee Time Vine and Other Pieces. Preface and notes by Virgil Thomson. Yale University Press, New Haven 1953

Blood on the Dining-Room Floor. Foreword by Donald Gallup. Banyon Press, Pawlet, VT. 1948

Brewsie and Willie. Random House, New York 1946

Composition as Explanation. Hogarth Press London 1926

Everybody's Autobiography. Random House, New York 1937

Fernshurst, Q.E.D., and Other Early Writings by Gertrude Stein. Edited with an introduction by Leon Katz. Liverlight, New York 1971

Four in America. Introduction by Thornton Wilder. Yale University Press, New Haven 1947

The Geographical History of America; or: The Relation of Human Nature to the Human Mind. Introduction by Thornton Wilder. Random House, New York 1936

Geography and Plays. Four Seas, Boston 1922

Gertrude Stein: Writings and Lectures 1909–1945. Edited by Patricia Meyerowitz. Penguin, Baltimore 1971

How to Write. Plain Edition, Paris 1931

Ida. Random House, New York 1941

Lectures in America. Random House, New York 1935

The Making of Americans Being a History of a Family's Progress. 1906–1908. Complete Version. 925 S. Originally published in 1925. Reissued by Something Else Press, Inc., New York 1966

Matisse Picasso and Gertrude Stein with Two Shorter Stories. Plain Edition, Paris 1933

Mrs. Reynolds and Five Earlier Novelettes. Foreword by Lloyd Frankenberg. Yale University Press, New Haven 1952

Operas and Plays. Foreword by James R. Mellow. Station Hill Press, Barrytown, N.Y. 1987

Portraits and Prayers. Random House, New York 1934

Sherwood Anderson/Gertrude Stein: Correspondence and Personal Essays. Edited by Ray Lewis White. University of North Carolina Press, Chapel Hill, N.C. 1973
Tender Buttons. Claire Marie, New York 1914
Three Lives. New Directions, Norfolk 1933
Two: Gertrude Stein and Her Brother and Other Early Portraits. Foreword by Janet Flaner. Yale University Press, New Haven 1951
Wars I Have Seen. Random House, New York 1945
The World Is Round. Rose's story. A Book for children. With Pictures by Clement Hurd. William R. Scott, New York 1939
The Yale Gertrude Stein. Selections, with an Introduction by Richard Kostelanetz. Yale University Press, New Haven and London 1980

Übersetzungen ins Deutsche

Die Autobiographie von Alice B. Toklas. Aus dem Amerikanischen von Elisabeth Schnack. Zürich 1955
Ein Buch Mit Da Hat Der Topf Ein Loch Am Ende Eine Liebesgeschichte. In einer Lesart von Oskar Pastior und Sissi Tax. Friedenauer Presse, Berlin 1987
Drei Leben. Erzählungen. Mit einem Vorwort von Cesare Pavese. Aus dem Amerikanischen von Brigitte Gerlinghoff. Arche Verlag, Zürich 1960
Ida. Ein Roman. Aus dem Amerikanischen von Marie-Anne Stiebel. Suhrkamp, Frankfurt a.M. 1984
Kriege die ich gesehen habe. Aus dem Amerikanischen von Marie-Anne Stiebel. Suhrkamp, Frankfurt a.M. 1984
Nochmal den Text ein anderer – Quartier/Gestell, überdacht oder im Freien, Meinetwegen eine Schule. Übersetzt und nachgesprochen von Oskar Pastior. Verlag der Autoren, Frankfurt a. M. 1993; Theaterproduktion: act., Köln. Uraufführung: 2. September 1993; Hörfunkproduktion: NDR, gesendet 27. April 1994
Q.E.D. Aus dem Amerikanischen von Marie-Anne Stiebel und Ursula Michels-Wenz. Suhrkamp, Frankfurt a.M. 1990
Paris Frankreich. Persönliche Erinnerungen. Berechtigte Übertragung von Marie-Anne Stiebel. Suhrkamp, Frankfurt a.M. 1975
Spinnwebzeit Bee Time Vine und andere Gedichte. Übertragungen und Lesarten von Marcel Beyer, Erica & Raymond Federmann, Thomas Gruber, Barbara Heine, Norbert Hummelt, Ernst Jandl, Andreas Kramer, Jürg Laederach, Oskar Pastior, Jennifer Poehler, Ronald Pohl, Friedhelm Rathjen und Anette Zimmermann. Herausgegeben und mit einem Nachwort von Marcel Beyer, Barbara Heine und Andreas Kramer. Arche Verlag, Zürich 1993
Die Welt ist rund. Aus dem Amerikanischen von Michael Mundhenk. Mit Fragmenten aus Werkzeichnungen von Franz Erhard Walther. Ritter Verlag, Klagenfurt 1994
Warum ich Detektivgeschichten mag. Aus dem Amerikanischen von Jürg Laederach. Edition Plasma, Berlin 1989

Sekundärliteratur

Bartlett Haas, Robert (Hg.): A Primer for the Gradual Understanding of Gertrude Stein. Los Angeles 1971

Bloom, Harold (Hg.): Modern Critical Views: Gertrude Stein. New York 1986

Bridgman, Richard: Gertrude Stein in Pieces. New York 1970

Brinnin, John Malcolm: The Third Rose. Gertrude Stein and her world. Boston 1959

Burns, Edward (Hg.): Letters of Gertrude Stein and Carl Van Vechten. New York 1986

DeKoven, Marianne: A Different Language – Gertrude Stein's Experimental Writing. Madison 1983

Dubnick, Randa: The Structure of Obscurity: Gertrude Stein, Language, and Cubism. Urbana 1984

Four Americans in Paris. The Collections of Gertrude Stein and her Family. The Museum of Modern Art, New York 1970

Gallup, Donald (Hg.): The Flowers of Friendship: Letters Written to Gertrude Stein. New York 1953

Hoffman, Michael J.: The Development of Abstractionism in the Writings of Gertrude Stein. Philadelphia 1965

–: Gertrude Stein. Boston 1976

– (Hg.): Critical Essays on Gertrude Stein. Boston 1986

Knapp, Bettina L.: Gertrude Stein. New York 1990

Kostelanetz, Richard (Hg.): Gertrude Stein Advanced: An Anthology of Criticism. Jefferson, N. C. 1990

Mellow, James R.: Charmed Circle: Gertrude Stein and Company. New York 1974

Miller, Rosalind: Gertrude Stein: Form and Intelligibility. New York 1949

Rewald, John: Cézanne und die Sammler Stein. Übersetzt von Dieter W. Portmann. Bern 1987

Rogers, W. G.: Gertrude Stein Is Gertrude Stein Is Gertrude Stein: Her Life and Work. New York 1973

Ruddick, Lisa: Reading Gertrude Stein – Body, Text, Gnosis. Ithaca 1990

Ryan, Betsy A.: Gertrude Stein's Theatre of the Absolute. Ann Arbor 1984

Schläger, Jürgen: Grenzen der Moderne: Gertrude Steins Prosa. Konstanz 1978

Simon, Linda (Hg.): Gertrude Stein Remembered. Lincoln, NE. 1994

Sprigge, Elizabeth: Gertrude Stein: Her Life and Work. New York 1957

Steiner, Wendy: Exact Resemblance to Exact Resemblance: The Literary Portraiture of Gertrude Stein. New Haven 1978

Stendhal, Renate (Hg.): Gertrude Stein. Ein Leben in Bildern und Texten. Zürich 1989, 1992

Steward, Allegra: Gertrude Stein and the Present. Cambridge, MA 1967

Sutherland, Donald: Gertrude Stein: A Biography of Her Work. New Haven 1951

Toklas, Alice B.: What is remembered. San Francisco 1963

Walker, Jayne L.: The Making of a Modernist: Gertrude Stein. Amherst 1984

Weinstein, Norman: Gertrude Stein and the Literature of Modern Consciousness. New York 1970

Namenregister

Die kursiv gesetzten Zahlen bezeichnen die Abbildungen

Abdy, Robert 92
Adam, John 7
Anderson, Sherwood 9, 64 ff., 74, 78, 96, 107, 121, 128, *65*
Antheil, George 9, 64 f., 72, 81, 94
Anthony, Susan B. 123
Apollinaire, Guillaume 40, 56, 58, 78, 114, *40*
Ashton, Frederick 99, 113
Auric, Georges 72
Auzias, Nina 49

Bach, Johann Sebastian 87
Bachrach, Fanny 19
Balmain, Pierre 123
Barnes, Albert 37
Barnes, Djuna 9, 64 f.
Barney, Natalie 10, 64 f.
Bartholdi, Frédéric-Auguste 8
Batsford, B. T., 116
Beach, Sylvia 10, 61 f., 64–67, *63*
Beardsley, Aubrey 27, 53
Beaton, Cecil 6, 113 f., 119, 129
Beckett, Samuel 52
Berenson, Bernard 29 ff.
Bernard, Émile 35
Berner, Gerald 112, 117
Bernhard, Thomas 130
Bird, William 73
Bookstaver, May 27, 29 f., 32
Boulanger, Nadia 81
Bowles, Paul 86, 99, *86*
Boyle, Kay 9, 64
Bradley, William 100
Brancusi, Constantin 53

Braque, Georges 46, 53, 58, 96
Breck, John Leslie 8
Brewer, Joseph 78
Brillat-Savarin, Jean 84
Brion, Marcel 87
Bruce, Patrick Henry 42
Bryher, Winifred 64
Buncker, Dennis Miller 8
Butler, Theodore Earl 8

Callaghan, Morley 9, 64
Canon, Poppy 125
Casals, Pablo 30
Cassatt, Mary 8
Casson, Jean 73
Cerf, Bennett 103, 113, 116
Cézanne, Hortense 36
Cézanne, Paul 31, 34, 36 f., 41 f., 48, 50, 61, 66, *35*
Chaplin, Charlie 109
Christine, Königin von Schweden 114
Clermont-Tonnerre, Madame de 78
Cocteau, Jean 58, 72, 110
Cone, Claribel 26 f., 40, 58, 78, *26*
Cone, Etta 26 f., 40 f., 58, 78, *26*
Cook, William 59
Cooper, James Fenimore 8
Copland, Aaron 86, *86*
Cowley, Malcolm 9
Crane, Hart 73
Crosby, Caresse 73
Crosby, Harry 73
Cunard, Nancy 53
Cummings, E. E, 73

Darantière, Maurice 78f.
Davidson, Jo *89*
Defoe, Daniel 94
Degas, Edgar 35
Denis, Maurice 34
Derain, André 36
Diaghilew, Sergej 60
Dodge, Mabel 37, 45, 51–56, 83
Doolittle, Hilda 67
Dos Passos, John 9
Dubnick, Randa 112
Du Bost, Madame 72
Duchamp, Marcel 53
Ducharmes, Régeant 73
Duhamel, Georges 64
Duncan, Isadora 16
Duncan, Raymond 16
Durey, Louis 72

Edison, Thomas Alva 117
Eduard VIII., König von England 113
Eiffel, Gustave 8
Eliot, Thomas Stearns 65f., 72f., 91, *64*
Emerson, Ralph Waldo 7f.
Evans, Donald 53

Fadiman, Clifton 100
Fargue, Léon-Paul 64
Faulkner, William 9
Faÿ, Bernard 86, 96, 101, 119f., 124, *87*
Fitzgerald, Francis Scott 9, 64f., 76, 94, 107, 121
Fitzgerald, Zelda 107, 121
Flaner, Janet 9, 76, 127
Flaubert, Gustave 24, 38, 128
Fonteyn, Margot 113
Ford, Ford Madox 73
Franklin, Benjamin 7
Freud, Sigmund 71
Friedman, Leo 23
Fry, Roger 53
Furman (Verleger) 86

Gahse, Zsuzsanna 130
Gas, William H. 112
Gauguin, Paul 34, 42
Gershwin, George 9, 72, 94, 99, 106
Gide, André 53, 63
Goethe, Johann Wolfgang von 117

Göring, Hermann 120
Gounod, Charles 117
Grant, Ulysses S. 98
Green, Julien 96
Gris, Juan 43, 56f., 58, 78, 87f., *56*

Hammett, Dashiell 109
Hartcourt, Alfred 106
Harunobu, Susuki 23
Hawthorne, Nathaniel 8
Heissenbüttel, Helmut 130
Hélène (Haushälterin) 49, 56
Helpmann, Robert 113
Hemingway, Ernest 9, 64–68, 70, 72, 76, 94, 96, 117, 121, 128f., *65*
Hemingway, Hadley 67
Hermès, Pariser Couturier 95
Hitler, Adolf 118, 120
Hobhouse, Janet 29
Homer, Winslow 8
Honegger, Arthur 72
Hoover, Edgar J. 115
Hopgood, Hutchin 22f.
Hopper, Edward 9
Houseman, John 99
Howells, William 61
Hugnet, Geoges 81, *80*
Huntington, Collis P. 18

Ignatius de Loyola 83
Ionesco, Eugène 52
Irving, Washington 7

Jacob, Max 38, 40, 43
Jacot, Frank 45
James, Henry 8f., 20, 27f., 43, 61, 66, 98
James, William 8, 20f., 23, 30, 48, 71, *20*
Jandl, Ernst 130
Jarry, Alfred 38
Jawlensky, Alexej von 36
Jefferson, Thomas 7
Jolas, Eugene 73, 86, 96
Jolas, Maria 96
Joyce, James 10, 64f., 67, 72f., 76, 91, 128, *63*

Kahane, Jack 73
Kahnweiler, Daniel-Henry 46, 56f., 58, 78

Kandinsky, Wassily 36, 53
Katz, Leon 27, 30, 128
Keats, John 110
Kerouac, Jack 130
Keyser, Amelia, s. Stein, Amelia
Keyser, Ephraim 15, 30
Keyser, Rachel 13, 15
Koklowa, Olga, s. Picasso, Olga
Krajoletz (Lehrer) 13, *13*
Kuninaga 23

La Fayette, Marie Joseph de Motier, Marquis de 7
Lamartine, Alphonse de 84
Lamb, Henry 53
Lane, John 53, 58, 78
Larbaud, Valéry 64, 73
Laurencin, Marie 40, 56, 78
Lebender, Lena 23, 26
Léger, Fernand 53, 72
Leonardo da Vinci 22
Lescher, Robert 126
Lewis, Wyndham 53
Lipchitz, Jacques 88f.
Loeser, Charles 31
Longfellow, Henry Wadsworth 8
Ludwig XVI., König von Frankreich 7

Maar, Dora 125
Macdonald-Wright, Stanton 42
McAlmond, Robert 9, 64, 67
McBride, Henry 99
MacLeish, Archibald 73
Malraux, André 127
Manet, Édouard 35
Manguin, Henri 36
Marlowe, Christopher 17, 117
Mark Twain 17
Masson, André 55
Mata Hari (Margareta G. Zelle) 65
Matisse, Henri 36ff., 41ff., 50f., 53, 59, 81, 94, 96, *36*
Maurer, Alfred 42
Maurier, George du 9
Maurois, André 63
Merrill, Stuart 38
Metcalfe, Williard Leroy 8
Milhaud, Darius 72

Miller, Henry 73
Monet, Claude 8
Monnier, Adrienne 62f., 67
Monroe, James 7
Monvell, Boutet de 61
Moody, William Vaughn 21
Moore, Marianne 78
Moréas, Paul 38
Morosow, Michail 37
Morrell, Ottoline 53
Moses, Henry 99
Münsterberg, Hugo 20, 23
Murger, Henri 9

Olivier, Fernande 39, 46, 56, 78

Pach, Walter 42
Pasquier, G. 30
Pastior, Oskar 130
Pétain, Philippe 119f.
Picabia, Francis 84, 89, 93, 113
Picasso, Olga 58, 110, *85*
Picasso, Pablo 37–46, 48–53, 56ff., 61, 72, 78ff., 81, 83, 89, 92, 94, 110f., 115f., 121, 125ff., *85*, *116*
Pichot, Ramón 46
Poe, Edgar Allan 126
Porter, Katherine Ann 78
Poulenc, Francis 64, 72
Pound, Ezra 9, 64f., 67, 73, *64*
Proust, Marcel 65, 76, 91, 128
Puccini, Giacomo 9

Raphael (Raffaello Santi) 22
Ray, Man 56, 62, 77, 89ff., 95, *90*
Récamier, Jeanne Françoise Julie Adélaïde 74
Reed, John 8
Rembrandt (Rembrandt Harmensz. van Rijn) 22
Renoir, Auguste 34f., 41f., 50
Roberts, Kenneth 55
Robinson, Theodore 8
Roché, Henri-Pierre 38
Rodin, Auguste 8, 90
Rogers, William 102f.
Romains, Jules 64
Roosevelt, Eleanor 107, 109
Roosevelt, Franklin D. 115

Rose, Francis 120, 124
Rose, Guy 8
Rosenshine, Annette 43
Rousseau, Henri *46*
Rubens, Peter Paul 22
Russell, Bertrand 29, 32, 58

Sagot, Clovis 37f., 56
Salmon, André 96
Samuels, Sarah, s. Stein, Sarah
Santayana, George 19, 127
Sarraute, Nathalie 130
Satie, Erik 58, 64, 81
Schtschukin, Sergej 37
Sedgwick, Ellery 92
Shakespeare, William 17
Sheeler, Charles 9, 41
Simpson, Wallis 113
Sitwell, Edith 76
Sitwell, Osbert 76
Smallens, Alexander 99
Solomons, Leon 23
Sonel, Eva 56, 58
Soupault, Philippe 73
Stalin, Joseph W. 120
Steer, Wilson 29
Steichen, Edward 42
Stein, Allan 123, 126, *25*
Stein, Amelia 11, 13, 15–18, *12*, *16*
Stein, Bertha 11, 15, 18f., *13*, *16*
Stein, Daniel 11, 13, 15, 18, *12*, *16*
Stein, Fred 22f., 59
Stein, Leo 11, 17–23, 26f., 29–38, 41 ff., 45, 49ff., 57f., 87, 92, 96, 124, *13*, *16*, *22*, *34*
Stein, Meyer 11
Stein, Michael 11, 18f., 23, 31, 33, 36f., 40ff., 58f., 96, 100, 110f., 126, *13*, *16*, *34*
Stein, Pauline 11, 15
Stein, Robina 126f.
Stein, Sarah 19, 23, 31, 36f., 43, 59, 96, 110, *25*
Stein, Simon 11, 18f., *13*, *16*
Stein, Solomon 11f., 15
Steinbeck, John 117
Stella, Joseph 9, 53
Stettheimer, Florine 99

Stevens, Wallace 129f.
Stieglitz, Alfred 42, 51, 53, 106
Strachey, Lytton 58
Strawinsky, Igor 72

Tailleferre, Germaine 72
Theresia de Ávila 83
Thomson, Virgil 72, 81 ff., 99, 123f., 128, *82*
Tizian (Tiziano Vecelli) 22
Toklas, Alice Babette 43, 45–50, 53, 56ff., 61, 65f., 74, 78, 81, 83f., 91–94, 100, 102f., 104ff., 109ff., 113, 115, 118–121, 123–127, *6*, *44*, *62*, *74*, *95*, *102*, *108*, *125*
Toscanini, Arturo 99
Toulouse-Lautrec, Henri de 41
Troy, William 94
Tzara, Tristan 96

Vallotton, Félix 36
Valois, Ninette de 113
Van Vechten, Carl 51, 74, 76, 83, 100f., 106, 126f., *107*
Verne, Jules 17
Vlaminck, Maurice de 36
Vollard, Ambroise 31, 33f.
Vonnegut, Kurt 130

Walsh, Ernest 73
Washington, George 83, 98
White, Max 126
Whitehead, Alfred North 58
Whitman, Walt 59
Wilde, Oscar 27
Wilder, Thornton 9, 106, 111f., 128, *111*
Williams, William Carlos 64, 67
Wilson, Edmund 91, 95
Wilson, Woodrow 61
Woolf, Leonard 76
Woolf, Virginia 76
Woollcott, Alexander 106
Wright, Richard 115
Wright, Wilbur 98

Yeats, William Butler 91

Zangwill, Israel 29

Über die Autorin

Stefana Sabin hat in Frankfurt, Haifa und Los Angeles studiert und 1982 mit einer amerikanistischen Arbeit promoviert. Sie schreibt Literatur- und Kunstkritiken und hat mehrere Anthologien zeitgenössischer Prosa herausgegeben. Bei rowohlts monographien ist 1992 ihr Band über Andy Warhol (rm 485) erschienen.

Quellennachweis der Abbildungen

All rights reserved, The Metropolitan Museum of Art, New York: 2
Aus: Renate Stendhal (Hg.): Gertrude Stein. Ein Leben in Bildern und Texten. Zürich (Arche Verlag) 1989, 1992: 6, 68, 79, 85, 93 (© VG Bild-Kunst, Bonn 1996), 95 (© VG Bild-Kunst, Bonn 1996), 114, 119, 129
Roger-Viollet, Paris: 10, 46
The Beinecke Rare Book and Manuscript Library, Yale University, New Haven, Conn.: 12, 13, 14, 16, 22, 24, 25, 26, 33, 55, 60, 62 (© VG Bild-Kunst, Bonn 1996), 75, 80, 82, 89 (© VG Bild-Kunst, Bonn 1996), 101, 102, 107, 108, 109, 122, 125
The Bettmann Archive, New York: 20, 104
The Baltimore Museum of Art, The Cone Archives: 34, 41, 42, 48, 49
Jean-Pierre Cézanne: 35
Hulton-Deutsch Collection, London: 36
© VG Bild-Kunst, Bonn 1996: 39, 50, 56, 57, 77, 88 oben, 90
André Salmon: 40
Courtesy, The Bancroft Library, University of California, Berkeley: 44, 54, 84
San Francisco Museum of Modern Art, Sarah and Michael Stein Memorial Collection: 59 rechts (72,4×56,5 cm; Gift of Elise S. Haas), 59 links (67,3×50,5 cm; Gift of Nathan Cummings) (beide © VG Bild-Kunst, Bonn 1996)
Gisèle Freund, Paris: 63
Bildarchiv Preußischer Kulturbesitz, Berlin: 64 links
Ullstein Bilderdienst, Berlin: 64 rechts
Süddeutscher Verlag Bilderdienst, München: 65 (2)
Aus: Mary Ellen Jordan Haight: Spaziergänge durch Gertrude Steins Paris. Zürich (Arche Verlag) ²1990: 86, 116
Aus: Staying on Alone. Letters of Alice B. Toklas. Hg. von Edward Burns. New York, London 1982: 87
The Museum of Modern Art, New York: 88 unten
Aus: Alice B. Toklas: What is remembered. London 1963: 111

Trotz aller Bemühungen ist es uns leider nicht in jedem Fall gelungen, die Bildgeber ausfindig zu machen. Rechteinhaber werden gebeten, sich ggf. an den Rowohlt Taschenbuch Verlag zu wenden.

Literatur

rowohlts monographien
Begründet von Kurt Kusenberg, herausgegeben von Wolfgang Müller und Uwe Naumann.

Eine Auswahl:

Alfred Andersch
dargestellt von Bernhard Jendricke
(395)

Lou Andreas-Salomé
dargestellt von Linde Salber
(463)

Jane Austen
dargestellt von Wolfgang Martynkewicz
(528)

Simone de Beauvoir
dargestellt von Christiane Zehl Romero
(260)

Wolfgang Borchert
dargestellt von Peter Rühmkorf
(058)

Lord Byron
dargestellt von Hartmut Müller
(297)

Albert Camus
dargestellt von Brigitte Sändig
(544)

Raymond Chandler
dargestellt von Thomas Degering
(377)

Charles Dickens
dargestellt von Johann N. Schmidt
(262

Theodor Fontane
dargestellt von Helmuth Nürnberger
(145)

Maxim Gorki
dargestellt von Nina Gourfinkel
(009)

Brüder Grimm
dargestellt von Hermann Gerstner
(201)

Homer
dargestellt von Herbert Bannert
(272)

Henrik Ibsen
dargestellt von Gerd E. Rieger
(295)

James Joyce
dargestellt von Jean Paris
(040)

Stendhal
dargestellt von Michael Nerlich
(525)

Literatur

rowohlts monographien
Begründet von Kurt Kusenberg, herausgegeben von Wolfgang Müller und Uwe Naumann.

Eine Auswahl:

Thomas Bernhard
dargestellt von Hans Höller
(504)

Agatha Christie
dargestellt von Herbert Kraft
(493)

Carlo Goldoni
dargestellt von Hartmut Scheible
(462)

Franz Kafka
dargestellt von Klaus Wagenbach
(091)

Heinar Kipphardt
dargestellt von Adolf Stock
(364)

Gotthold Ephraim Lessing
dargestellt von Wolfgang Drews
(075)

Jack London
dargestellt von Thomas Ayck
(244)

Molière
dargestellt von Friedrich Hartau
(245)

Nelly Sachs
dargestellt von Gabriele Fritsch- Vivié
(496)

William Shakespeare
dargestellt von Alan Posener
(551)

Anna Seghers
dargestellt von Christiane Zehl Romero
(464)

Theodor Storm
dargestellt von Hartmut Vinçon
(186)

Italo Svevo
dargestellt von François Bondy und Ragni Maria Gschwend
(459)

Jules Verne
dargestellt von Volker Dehs
(358)

Oscar Wilde
dargestellt von Peter Funke
(148)

Stefan Zweig
dargestellt von Hartmut Müller
(413)

Musik

rowohlts monographien
Begründet von Kurt Kusenberg, herausgegeben von Wolfgang Müller und Uwe Naumann.

Eine Auswahl:

Louis Armstrong
dargestellt von Ilse Storb
(443)

Johann Sebastian Bach
dargestellt von Martin Geck
(511)

Robert Schumann
dargestellt von Barbara Meier
(522)

George Bizet
dargestellt von Christoph Schwandt
(375)

Frédéric Chopin
dargestellt von Jürgen Lotz
(564)

Hanns Eisler
dargestellt von Fritz Hennenberg
(370)

John Lennon
dargestellt von Alan Posener
(363)

Felix Mendelssohn Bartholdy
dargestellt von Hans Christoph Worbs
(215)

Elvis Presley
dargestellt von Alan und Maria Posener
(495)

Sergej Prokofjew
dargestellt von Thomas Schipperges
(516)

Giacomo Puccini
dargestellt von Clemens Höslinger
(325)

Gioacchino Rossini
dargestelt von Volker Scherliess
(467)

Heinrich Schütz
dargestellt von Michael Heinemann
(490)

Richard Strauss
dargestellt von Walter Deppisch
(146)

Richard Wagner
dargestellt von Hans Mayer
(029)

Ein Gesamtverzeichnis der Reihe *rowohlts monographien* finden Sie in der *Rowohlt Revue*. Jedes Vierteljahr neu. Kostenlos. In Ihrer Buchhandlung.